少額訴訟の対話過程

仁 木 恒 夫 著

Law & Society Début Series No. 2

Setsuo Miyazawa, Series Editor

信 山 社

推薦のことば

九州大学大学院法学研究院・教授
和田仁孝

本書は、若い法社会学者の手になる堅実な経験的調査にもとづく少額裁判についてのモノグラフである。民事訴訟法改正によって導入された少額訴訟制度の実際の現場、そこで交わされる裁判官と当事者および関係者たちの生き生きとした対話を、綿密に記録し、解釈を加えながら、人々にとって、また現場の裁判官にとって、法や制度がいかに理解され、いかなるものとして展開していくのかを明らかにしようとする労作である。

このモノグラフの価値は、以下のような点にある。

第一に、従来、詳細には明らかにされてこなかった少額訴訟の現場のコミュニケーションや動態が生き生きと活写され、制度というものが具体的な人間の実践活動として展開されていく様を提示・分析したことである。この点で、本書は、少額訴訟手続きについて検討しようとする実務家や民事訴訟法学者にとって、まさに必読書として位置づけられるべきであると思われる。

第二に、少額訴訟を対象としているものの、それは、民事訴訟や紛争処理制度一般、さらには法とは何かといった原理的問題に対しても、多くの示唆を提供している点である。法や手続きをめぐる一般の人々の解釈、法律家の思考、紛争とその解決に関する理解、それらが過程展開のなかで動いていく様は、そこから民事訴訟制度一般のあり方や運用の実践的技法について、あるいは日常性と法の交錯について考えていくための豊かな手がかりを提供してくれると思われる。

第三に、法社会学にとっても、いわゆる解釈的アプローチが経験的研究としていかに定着できるかについて、ひとつのモデルを提示している点である。それは単なる現場を踏まえた労作というだけでなく、理論的・方法論的観点からも、十分評価や議論の対象になるものと思われる。

この研究は、まさに法社会学者のみがなしうる貢献であり、またそのことによって、民事訴訟法学をはじめ実定法分野にも重要な知見を提供するものである。分析にやや荒削りなところがあるとしても、若い研究者のチャレンジングな仕事として、高く評価することができるであろう。

なお、本書のもとになった論文が、平成一二年度日本法社会学会若手論文奨励賞を受賞したものであることを付言しておく。

はしがき

一　本書は少額訴訟制度の法社会学的研究である。しかし、私の主観的な目的をもう少し正確に述べると、解釈法社会学の方法論によって、民事訴訟法学の「手続保障の第三の波」理論が開拓した当事者参加の訴訟哲学が審理の現場にどこまで適合しうるのかを探ろうとした研究である。少額訴訟はいわばそのための「実験室」である。本書を通じて、私は「全員集合型裁判」という訴訟のひとつのイメージを積極的に描くことを試みている。このような本書では二つの可能性を切り捨てる選択をしていることを記しておくことがフェアーであるように思われる。

第一に、本書は、基本的に少額訴訟の積極的に評価できる側面を取り上げているのであって、運用いかんによっては、消極的に評価されうる側面が審理過程をおおいつくす可能性もありうる。実際、本書が検討対象としている東京簡易裁判所以外のいくつかの地域でも観察を実施したが、きわめて権威的な訴訟指揮のもとで当事者が抑圧されているのではないかと解釈しうる場面もあった。しかし、本書ではあえて私が積極的に評価されうると考える場面を取り上げている。少額訴訟制度の運用場面に対する批判的検討は、また場所を改めておこないたいと考えている。

第二に、本書は「手続保障の第三の波」理論が法廷実務の現場で耐えうるものかどうかを検証するのに、少額訴訟を「素材として」選んでいる。したがって、通常訴訟を直接みていくにあたっては、本研究とはまた異なる諸要素を考慮する必要が出てくるだろう。本書での議論に対しては、少額訴訟であるから妥当するとか、法解釈とはまた別の事実の記述としてはありうることであるとか、洗練された法解釈学から実質的に黙殺されることも予想される。私自身は、本書での議論は少額訴訟研究ではあるものの、通常訴訟に関する法解釈学や法実務に対しても問題提起を含むものと考えている。さらに今後、本書で獲得した枠組をもとに通常訴訟の場面で改めて研究を実施したいと考えているが、残念ながら本書はそれをなしうるものではない。

このように本書は、特定の理論的関心から、少額訴訟の現場に即しつつ、訴訟のひとつのイメージを描こうとする試みなのである。

ところで、本書は、私がこれまで発表してきた少額訴訟に関する論文「審理冒頭における手続利用選択と当事者の主体性」（吉村徳重先生古稀記念論文集『弁論と証拠調べの理論と実践』（法律文化社、二〇〇二年）収録）を第三章に、「少額訴訟の審理における対話過程―ある解雇予告手当紛争を素材として―」（法社会学五三号）を第四章にあてているが、その他の部分は書き下ろしである。また、旧稿にも加筆訂正をおこなうことで、その他の書き下ろしの部分との全体的な整合性をはかっている。

二　はじめて少額訴訟の審理を傍聴したときの衝撃は大きかった。新民事訴訟法が制定され、少額訴訟制度が新設されたことは知っていたが、直接裁判所に足を運んだのは一九九九年の東京簡易裁判所であった。その年の四月、立教大学に助手として赴任したのを機会に、通勤経路の地下鉄で途中下車し、当事者本人たちがどのように審理をすすめていくのか一度見てみたいと考えた。正直、最初は軽い気持ちだったが、すぐに少額訴訟に夢中になった。ふつうの素人が、自分の言い分を裁判官に、そして相手方に、懸命になってぶつけていく。少額訴訟の法廷では、まさに「弁論の活性化」が当事者の水準で実現しているように思われたのである。

それから私はできる限り裁判所に赴くようにつとめた。そして、可能な限り詳細な記録をとってみることにした。とにかく「面白い」と思った印象を、事実に即して理論的に整理してみたいと思ったのである。傍聴を重ねていくにしたがって、多彩な「当事者の自律性」が、私なりにリアルに実感されるようになっていった。しかし、こうして開始された実態調査は、けっしてスムーズだったわけではなく、本文でも述べているように試行錯誤の連続であった。諸般の事情で必ずしも思うように記録収集が進まず、つらくもどかしい思いをしたこともある。しかし、それでも概して楽しみながら研究に取り組むことができた。法廷傍聴の直後、日比谷公園の喫茶店でわくわくしながら記録を整理したり、当事者にインタヴューを実施したことなどが思い起こされる。

つきなみになるが、まずこの研究調査に協力してくださった多くの方々に感謝を申し上げたい。当事者ご本人、関係者、裁判官、裁判所職員、司法委員。これらの方々のご協力がなければ、本研究は成立しなかったのだから。ただし、当事者たちの活発な弁論の模様を十分に伝えることができているか、またそれを適切に理論化できているか、そして何よりも当事者の方々の実感からみると不当なデフォルメをしているのではないか、そうした諸点で本研究が説得力のあるものになりえているかについては心許ない。また、論じ残した課題も多い。読者のご批判・ご教示を心からお願いする。

三　これまでの研究生活の中で、ほんとうに多くの方々から暖かいご支援をいただいた。逐一お名前をあげることができないのは残念であるが、何名かの方々には、とくにお名前をあげてお礼を申し上げたい。

井上治典先生（立教大学）からは、私が九州大学大学院に在籍して以来、親切にご指導いただいている。とくに先生には、私が東京で本研究を開始する機会を与えていただいた。一九九九年立教大学にお世話になることがなければ、本研究は存在しなかったはずである。和田仁孝先生（九州大学）からも、大学院時代以来、文献講読をとおして多くをお教えいただいている。本研究の人類学的関心は、その内容は貧しいものではあるが、和田先生のもとで勉強させていただいた成果であることは間違いない。井上治典先生、和田仁孝先生にお礼を申し上げたい。

棚瀬孝雄先生（京都大学）には、そのご著書からたいへん多くをお教えいただいている。質量ともに比べるべくもないが、先生の貴重なご研究『本人訴訟の研究―あるべき少額裁判のモデルを求めて』が、本研究のベースラインであったことは明らかである。また、学会や研究会などでもたいへん親切にしていただいている。樫村志郎先生（神戸大学）には、会話分析のご研究からも、そして二〇〇一年の若手研究者ワークショップにも参加させていただき直接にも、会話分析の基礎をお教えいただいた。宮澤節生先生（早稲田大学）には、本研究を加えていただくことになった*Law & Society Début Series*の存在のご教示と暖かい励ましのお言葉とをいただいた。棚瀬孝雄先生、樫村志郎先生、宮澤節生先生にお礼を申し上げたい。

本研究の基礎となった実態調査をさせていただく環境を与えていただいた立教大学法学部、そしてそれをまとめる場を与えていただいている久留米大学法学部の諸先生にも、感謝を申し上げたい。

本書の第四章のもとになった拙稿「少額訴訟の審理における対話の活性化―ある解雇予告手当紛争を素材として―」に対して、拙稿「訴訟当事者の訴訟外活動―電気工事による失火責任をめぐる紛争事例を素材に―」（立教法学五四号）とあわせて、日本法社会学会第二回奨励賞（二〇〇〇年論文部門）をいただいたことも、言い表せない励ましになった。感謝を申し上げたい。そして、本書の出版の機会を与えてくださった信山社の渡辺左近氏、丁寧な校正をしてくださった柴田尚到氏にもお礼を申し上げたい。

最後になってしまったが、一九九八年、他界された恩師・故井上正三先生に、本書を献呈させていただくことをお許しいただきたい。ご存命中から現在におよんで、井上先生から私がいただいた公私にわたるご指導やご恩はとうていここに書き尽くすことはできない。井上先生に見ていただいたならば、どのようにご批判、ご指導くださるだろうか。いまだにいつもそう考えながら研究を続けている。先生からいただいた「もっと自分から自由に！」「もっと自己に忠実に！」というお言葉を実践することの難しさを日ごろ痛感しているが、少しでもそこに近づくことができるようにと、これからも努めていきたい。井上正三先生に心よりお礼を申し上げたい。

二〇〇二年二月

仁木恒夫

目次

事例一覧

会話資料の表記法

本文中に登場する人物および団体はすべて仮名で記した。

【1】など――――事例の通し番号。

「字句」――――他の人間又は話者自身の過去の発話の直接話法による引用。

字句……――――沈黙。

(富岡氏「字句」)など――ある話者の発話中になされた他の話者の発話。

[字句]――――筆者が文意を明瞭にするために注記した語句。

裁判官はなど――――筆者による状況説明。

序章

第一節　新設された少額訴訟制度への期待

一九九八年、現行の新民事訴訟法が施行された。新法制定の目的は「民事訴訟を国民に利用しやすく、分かりやすいものとし、もって適正かつ迅速な裁判の実現を図る」[(1)]ことにあったとされている。このような立法のねらいの射程を生活者の次元にまで拡げて制度設計がおこなわれ、新たな手続が創設された。庶民の紛争処理のための機関、少額訴訟制度である。

周知のとおり、簡易裁判所そのものは、創設当時以来、一方で少額裁判所としての理想を持ちながらも、現実には地方裁判所の手続的枠組と運用をほぼそのまま踏襲するものであった。[(2)]「庶民のための裁判所」にふさわしい簡易迅速性を備えることはなかったのである。もちろん、このような簡易裁判所の状況が肯定的に評価されていたわけではなく、理論的には欧米の少額紛争処理制度に関する研究がすすめられ、少額裁判制度導入のための提言がなされてきた。[(3)]こうした簡易裁判所のあり方への反省と先行研究による理論的蓄積を背景に、生活紛争処理制度として現行の少額訴訟手続が創設されたのである。

新設された少額訴訟制度は、生活者にとって「利用しやすい制度」であるように様々な工夫が凝らされている。概括的に言えば、短期間のうちに素人が自分自身の手で進めていけるように、法的な技巧性をはずしているのである。実際、通常訴訟にくらべれば、少額訴訟は生活者にとって格段に利用しやすいものになっているだろう。当事者が、自分の紛争を自分の手で法的処理の場に持ちこみ、日常言語で言い分を述べていくことができる。その限りで「利用しやすさ」は実感されるのではなかろうか。(4)

また、二〇〇一年に提出された司法制度改革審議会最終意見書においても、「少額訴訟手続は、利用者から高い評価を受けており、国民がこの手続をより多く利用しうるようにする見地から、少額訴訟手続の対象事件の範囲については、それを定める訴額の上限を大幅に引き上げるべきである」とされている。実際、全国の高裁所在地の八簡易裁判所で実施された少額訴訟の利用者アンケートからも、高い評価が与えられていることがわかる。(5) そして今後、少額訴訟制度のいっそうの普及定着が司法政策としても推進されていくことが予想されるのである。(6)

(1)　法務省民事局参事官室『一問一答新民事訴訟法』（商事法務研究会、一九九六年）五頁。また、竹下守夫「新民事訴訟法制定の意義と将来の課題」竹下守夫＝今井功編『講座新民事訴訟法Ⅰ』（弘文堂、一九九八年）二頁も参照。

（2）　簡易裁判所発足当初からその後の事情に関しては、兼子一＝竹下守夫『裁判法〈第四版〉』（有斐閣、一九九九年）二二一－二二四頁、三ヶ月章『民事訴訟法研究第四巻』（有斐閣、一九六六年）二三〇頁以下など参照。

（3）　たとえば、小島武司『迅速な裁判』（中央大学出版部、一九八七年）、同『訴訟制度改革の理論』（弘文堂、一九七七年）、生活紛争処理研究会『米英における小規模紛争処理実態調査報告書』（有斐閣出版サービス、一九八六年）、伊藤眞「少額裁判手続の比較法的研究」判例タイムズ五五五号（一九八五年）一六頁、高橋宏志「米国ワシントン州少額裁判見聞記」『竜嵜喜助先生還暦記念　紛争処理と正義』（有斐閣出版サービス、一九八八年）八一頁、大鷹一郎「アメリカにおける少額事件手続について―付・カナダ及び韓国の少額事件手続―㈠㈡㈢」法曹時報四七巻八号五七頁、四七巻九号六九頁、四七巻一〇号三一頁（一九九五年）、川嶋四郎「アメリカ合衆国ノース・カロライナ州における少額裁判制度についての覚書―少額訴訟手続における適切な救済過程の創造を目指して―」熊本法学第八八号（一九九六年）一頁、池田辰夫「少額事件手続論―比較システム論からみた平成改革への提言―」『新世代の民事裁判』（信山社、一九九六年初出は一九九四年）一〇九頁など参照。

（4）　井上治典＝三井誠『裁判と市民生活』（放送大学教育振興会、一九八八年）六八頁（井上治典）では、「およそ司法制度の存在価値は、市民の日常的な生活のなかから生じる紛争に対して、制度なり制度にかかわる人々がどのように対応できているかにある」とする。その意味では、少額訴訟制度の整備により「司法制度の存在価値」は飛躍的に高まったということができるだろう。

（5） 一九九九年九月に最高裁判所事務総局において実施されたアンケート結果の紹介とその分析をおこなうものとして林道晴「三年目に入った簡易裁判所の少額訴訟―利用者アンケートの紹介もかねて―」民事法情報一六二号（二〇〇〇年）二八頁以下、原克也＝竹内康人「少額訴訟利用のすすめ―少額訴訟利用者アンケート分析をもとに」ジュリスト一一七二号（二〇〇〇年）一五六頁以下がある。そこでは「裁判の期間について」「裁判の進め方について」「裁判の費用について」「少額訴訟の利用結果について」といった項目に関して、利用者から非常に高い評価を得られていることが明らかにされている。そこから「予想以上に好意的な結果となった（林・三一頁）」とか「これほどまでに少額訴訟がその利用者から支持される結果となるとは、作業を担当した筆者らも予想していなかった（原＝竹内・一五一頁）」というような感想が述べられている。

（6） 司法制度改革の方向に呼応するかのように、下里敬明／立脇一美「より利用しやすい一般市民間の紛争解決システムを求めて―東京・大阪各簡易裁判所における試み―」判例時報一七四七号（二〇〇一年）八―一九頁では、少額訴訟で蓄積されてきたノウハウを通常訴訟にも可能な範囲で活かしていこうという試みが報告されている。

第二節　問題の設定

少額訴訟制度は、今後いっそう庶民に利用されることが期待されている。けれども、素人の利用に開かれた簡略な手続とはいえ、少額訴訟も「制度」である。すくなくとも裁判官たちのがわでは、いきすぎた不定型フォーラムにはならないように、一定の枠組が規範的に構造化されたものとして観念され実践されている。制度であるかぎり、最小限でも、少額訴訟も構造化をまぬかれることはできない。ここに「利用しやすい」「制度」という緊張が発生する。すなわち、「利用しやすい」少額訴訟手続においては、当事者は、より自由に紛争行動を展開することで、わずかにでも設けられた「制度」としての境界線に抵触する場面が露呈しやすくなると推測されるのである。

その際、法の規律権力をいっそう身体化した裁判官らによって、「無知な」利用者たちは厳しく粛正され、表面上これに服従していくという可能性もありうる。はたして制度の設計図どおり、利用者たちが「自由な」紛争行動を展開しながら手続は「平穏に」すすめられているのだろうか。そして、その上で、少額訴訟制度は利用者からの高い評価を獲得しているのだろうか。あるいは、現場では利用アンケートの項目からは予想もつかないような制度設計図を逸脱した現象が観察されるのだろうか。かりに規律の呼びかけがなされようとも、「怜悧な」利用者たちはむしろこれをかわして、法の境界線を巧みに揺るがし侵犯しているのかもしれない。そして、利用者の「逸脱的な」言動も、視角を変えてみると、制度枠組とあいまって、また異なった少額訴訟手続全体の秩序を形成しているということはないだろうか。そしてそこに、対論過程を重視する「手続保障」のリアルなすがたを見ることはできないだろうか。

本研究は以上のような関心に基づき、とくに当事者の言動に着目しながら少額訴訟の手続過程を経験的に検討しようとするものである。ここでは、検討の対象を、少額訴訟制度の制定以前から準備をしてきたことでよりスムーズにその導入が実現した、東京簡易裁判所における少額訴訟手続に限定する。そうすることで、より明瞭に、利用者数が多く高い評価も得ている少額訴訟制度の実態を、捉えることができると推察されるからである。

まず第一章において、本書の基本的視座を設定する。本研究の主要部分は具体的事例において参加者間で交わされた会話を資料とするが、それを見ていく理論的枠組および経験的研究の方法を明らかにする。

次に第二章では、基本的視座に基づく具体的事例の検討に先だって、少額訴訟の規範構造についての一般的な理解を整理し、さらに本書でとりあげる事例の実態調査期間の統計的な特徴を概観する。いわば制度設計図の輪郭の素描である。

第三章から第六章にかけてが本書の中心部分を構成する。第一章で獲得する方法論をもとに、第三章では「少額訴訟手続選択」、第四章では「口頭弁論」、第五章では「傍聴」、第六章では「和解」という各場面における参加者間の相互行為の実態を解釈していく。いずれにおいても、そのことにより、第二章で描いた制度の輪郭の相対化を試みる。

そして最後に、以上の検討をふまえて、暫定的ではあるが少額訴訟の対話過程についての一つの捉え方を提示してみたい。

第一章　法的会話の解釈学

まず、第三章以下で少額訴訟手続の具体的な各局面を分析していくのに先だって、本研究の全体をとおした基本的な視角を整理しておこう。手続全般にわたる法を介した紛争交渉過程を理論的にどのように捉え、さらにまた具体的事例をどのような手法で分析していくのか。本章では、本研究の基礎にある、相互に連関したこの理論的枠組と経験的分析方法を明らかにすることを目的とする。

第一節　会話分析

少額訴訟手続において、少額紛争が処理される過程は、手続関与者の相互行為によって形成される。当事者が裁判所を訪れた場面から始まって最後に裁判所を出ていくところまで、様々な相互行為の連鎖によって手続は流れていく。この相互行為の主要部分が会話であろう。本研究では、主に少額訴訟の手続過程で交わされる手続関与者間の会話に焦点を絞って、審理の実態を考察していこうと思う。わが国では主に樫村志郎が実践している、いわゆる「会話分析」の研究手法を採用するのである。

周知のとおり、会話分析の方法論としては、すでに樫村の採用しているエスノメソドロジーが一定の成果をあげている。人間が他者とおこなう交流のうち主要な相互行為は会話である。この会話の秩序性を明らかにしようとするのがエスノメソドロジーなのである。樫村によればその一般的な方法的基準は次の三つにあるとされる(1)。第一に、会話の記録や想像ではなく、現実の会話をあつかう。第二に、会話の内容を素朴にとりあつかうのではなく、その語りの方法にそくした形式的分析をめざす。第三に、この会話の方法は当事者が現場において従うことができる方法である。このような方法的基準から、エスノメソドロジーは、包括的な転写方式に基づいて詳細にわたって再現されたトランスクリプトを資料として、会話を秩序ある統一性のもとで構成する法則を探究する方法であるということが確認されよう。

たしかにそこで活用される会話資料は、人びとが社会を構成していくやり方を知るための有益な手がかりとなるだろう。またこの方法論から獲得されてきた「順番（turn）」や「隣接発話対(adjacency pairs)」などの分析概念は、人びとの会話の形式的構造を分析するのに非常に有効でもある。本研究もエスノメソドロジーの構築主義的な観点から示唆を得ている(2)。けれども、その方法論を忠実に踏襲するわけではない。

第一に、研究対象となっている少額訴訟の手続過程での相互行為を緻密に再現することが、物理的に不可能であったということがあげられる。できうる限り会話を詳細に再現するためには録音機器を活用した翻訳が必要になってくる。しかし裁判所の法廷では、メモを取ることは許されても、録音は基本的に許されていない。したがって、まずエスノメソドロジーに要求されるような克明な会話の再現が不可能であることから、断念せざるをえなかったのである。

しかし、こうした物理的かつ外在的な制約があるからという理由のみで、エスノメソドロジーの手法を採用しないというわけではない。詳細な会話の再現が不可能であるという問題だけならば、エスノメソドロジーもまたどこかで研究者による事象の選択や切り詰めをせざるを得ないという意味では、本研究と程度の差とも考えられる。実際、本研究でもけっして現実の会話の詳細を軽視しているわけではなく、可能な限り法廷でおこなわれた会話の再現を試みている。それに加えてむしろ、エスノメソドロジーの方法論内在的な限界から、視界の修正をせざるを得ない次のような理由がある。

第二に、そもそも詳細な会話を再現したとしても、会話の意味を考えていくためには、そこで表出された発話のみに着目するのでは限界がある。その会話の一語一句には明示的にあらわれていない多様な因子が前提となっていて、相互行為に作用していくということが考えられる。会話の流れの重要性は疑いの余地はないのだけれども、その会話にはあらわれていない、これまでの紛争の経緯や社会関係などいわば背景を構成している文脈的な作用因子にも視野を拡げながら、この相互行為過程を考える必要があるのではなかろうか(3)。しかしながら、会話の形式的な秩序法則を探究するエスノメソドロジーでは、分析の対象となる会話に表出されていない因子に対して会話の流れと関連づけながら分

析をおこなうことが、理論的にあまり強く意識されていないのではないか、と推察されるのである。(4)

以上のように、本書は基本的に少額訴訟過程における手続関与者の会話を対象に文脈的な因子にも配慮しながら、少額訴訟の特徴を考察しようとするものである。

(1)　樫村志郎「会話分析の課題と方法」実験社会心理学研究第三六巻一号（一九九六年）一四九頁参照。わが国においては、樫村が法過程の会話分析を実践しており、本研究も樫村の研究から多大な影響を受けている。樫村の会話分析として、たとえば、樫村志郎「宗教的世界の会話的構成（一）（二・完）」神戸法学雑誌四九巻三号（二〇〇〇年）八三頁以下、四九巻四号（二〇〇〇年）一三九頁以下、樫村志郎＝菅野昌史「契約過程の方法的組織化」棚瀬孝雄編『契約法理と契約慣行』（弘文堂、一九九九年）二三三頁以下、樫村志郎「法律相談における協調と対抗」棚瀬孝雄編『紛争処理と合意―法と正義の新たなパラダイムを求めて―』（ミネルヴァ書房、一九九六年）二〇九頁以下、樫村志郎「法律的探究の社会組織」好井裕明編『エスノメソドロジーの現実』（世界思想社、一九九二年）八八頁以下、樫村志郎『「もめごと」の法社会学』（弘文堂、一九八九年）など参照。また、もう少し幅広くエスノメソドロジーを捉えて英米圏の議論状況を整理するものとして、神長百合子「エスノメソドロジーによる法の理解」宮澤節生・神長百合子編『法社会学コロキウム』（日本評論社、一九九六年）二〇九頁以下参照。

(2)　前注（1）に掲げた樫村志郎の諸論稿は本書の中心部分にあたる三章以下でも必要に応じて言及する。なお、日常会話において、「順番」は、会話において話し手の交代が繰り返されるという構造を、

「隣接対」は、別々の話し手の隣接した二つの発話によって構成される定型的な発話交換を指している。この「順番」や「隣接対」の概念を活用してカラハリ砂漠に住むブッシュマンの日常会話を分析する菅原和孝『会話の人類学―ブッシュマンの生活世界』（京都大学学術出版会、一九九八年）は非常に興味ぶかく刺激的で、本書もそこから多くの示唆を受けている。

（3）　マイケル・モアマン（藤田隆則訳）「会話分析とともに―ある民族誌家の自伝」谷泰編『文化を読む　フィールドとテクストのあいだ』（人文書院、一九九一年）二九九頁の「意味のある重要な不在は、会話のトランスクリプトから見つけだすことができないのである」という指摘がまさにこのことを示していよう。また、菅原和孝・前注（2）二九―三〇頁も参照。

（4）　もっとも、好井裕明「制度的状況の会話分析」好井裕明編『会話分析への招待』（世界思想社、二〇〇〇年）三八―三九頁によれば、会話分析は日常会話から制度的状況下での会話へと関心を向けたことで、「会話『内在的』という〝呪縛〟から解き放たれ、より自由な方法論的な広がりを獲得した」とされている。そうであるとすると、もはや、本研究とエスノメソドロジーとの相違は、資料として活用する会話記録の精度のみということになろう。さらに好井自身が、棚瀬の主張する「共同体的正義」が当事者同士の向き合った討議を必要とするにもかかわらず法廷という場はそれを阻害することを論じる「法的言説空間における権力作用の解読」棚瀬孝雄編『現代の不法行為法』（有斐閣、一九九四年）で分析を試みる資料も、本書で筆者が収集した資料に近いものである。そのことを考えると、エスノメソドロジーとの相違はほとんどないのかもしれない。

第二節　解釈法社会学の理論的枠組

法的紛争処理制度である少額訴訟の手続過程では、素人も参加して、援用された法の言説をめぐる相互行為が展開される。単なる日常会話ではなく「法的な」会話が交わされるのである。そこで次に、本研究が「法」をどのような観点から捉えて法的会話を分析しようとするのかについて、概括的にではあるが整理しておこう。

法は援用される。個別具体的な生活紛争を処理するために「援用される」のである。ここで考える法は、けっしてすでに外在的、一義的に確定している脱文脈的な制御の道具のようなものではない。(5) 援用されるその場面ごとに応じてふさわしい語り口がえらばれる。一般的には社会関係を変える力をもった「武器」として意味づけられることが多いだろう。(6) たとえば「働いた分の賃金が支払われていないから支払え」というとき、賃金が支払われていない現状を変えようとしている。けれども、このように相手に主張することで職場を辞めなければならなくなるから、もう少し辛抱してみるということもあるだろう。法を利用することは自分にとって好ましくないと意味づけられて、「あえて法を援用しない」という選択がなされるのである。このように法は、社会関係に影響を与えもするが、逆に社会関係から影響も受ける。現実はもっと複雑かつ微妙に作用しているに違いない。Sarat &

Kearns が指摘するように、法は、意識されるそのとき、たしかに道具のように一定の影響力の行使が意図されているのだけれども、同時にまたその場面にふさわしい視界の一部を構成する枠組となっている。(7) そして、その枠組としての有効性は、社会関係、感情、個性、意図、戦略といった様々な状況的因子から構成される文脈に応じて解釈的に微調整されながら、探られていく。法は、援用されようとしているまさにその時その場の状況的因子との相互作用のなかで意味づけられ、法と文脈は融合的に相互構築されつづけていくのである。

法の利用者は「意図」をもって法を援用するが、その「意図」が制度趣旨にかなっているとはかぎらない。素人である当事者の法援用や紛争行動は、ときに大きく規範構造を逸脱するだろう。その際に法廷で法の制度趣旨を遵守しようとするのは裁判官ら法律家である。少額訴訟も規範構造をそなえている以上、審理過程でたちあらわれる当事者の「逸脱的な」紛争行動は、制度趣旨の観点から裁判官によって制御されるのである。当事者は、法的知識もほとんどないばかりでなく、そもそも裁判所という場所になじみもない。そこでの当事者と裁判官との法的会話は、けっして対等な相互行為としてすすめられるわけではなく、権力作用をともなっている。(8) いうまでもなく素人の当事者は劣位に置かれるのである。そうではあるけれども、当事者には、裁判官の制御に従うほか途がないわけではない。Scott が指摘するように、生活者は支配の網をくぐり空洞化させていく「抵抗の技芸（the arts of resistance)」をいたるところで発揮している。(9)

「抵抗の技芸」には次のようなやり方がある。とくに支配者に面と向かって影響力を行使するのが難しい多くの場合、「弱者」は監視のおよばない場で自分を匿名化して批判的な「噂」を流布させる。そのことで公式の支配体制の存立基盤である信頼感を不確実にして、体制そのものにゆさぶりをかけるのである。ただし、少額訴訟制度において法廷外に出た当事者が、このやり方で現実に影響力を行使することは容易ではないだろう。具体的な事件処理に直接反映させることのできるような影響力の行使は不可能に近い。他方、法廷内も完全に規律されつくしているわけではない。ここでも「抵抗の技芸」を駆使することは可能である。すなわち、法的会話というプロセスには、当事者にとって、裁判官が援用する法の言説の境界線を動かそうと試みたり、あるいは無視して勝手な言動をおこなったりする余地があるのだ。会話という相互行為のなかで、自分に有益な意味づけを試みようとする当事者からの「抵抗」を受けて[10]、法の境界線は常時形成、維持、修正されているのである。法が語られる現場では、そこに立ち会い語る参加者たちによって、法の形成が共同でおこなわれるというべきかもしれない。

このような理論的枠組はすでに、Sarat, Yngvesson, Merry ら解釈法社会学を提唱する研究者たちによって構想され、具体的な経験的研究に適用されてきたものであり[11]、その成果を受けてわが国でも和田仁孝によって方法論として主張展開されている[12]。そして、本研究の主要な理論的関心は、これらの先行研究の延長線上に位置するのである。ただし、本研究においては、彼／彼女たちの先行研究にくらべて、とくに以下の点を意識的に強調したいと考えている。

本研究では、法の言説が援用される会話過程に分かちがたく絡みあって作用する微細な権力と抵抗の動的関係を、状況的因子にも配慮しながら読みとっていくことを試みる。とくに、法律家の抑圧的な支配に対して、素人当事者が抵抗しながらみせる自由な紛争活動に力点をおくことになるだろう。それは裁判官の法的判断を中心とした法的会話が脱中心化されていく過程でもある。したがって、会話は裁判官と当事者のあいだというだけではなく、当事者相互、紛争関係人、裁判所書記官や司法委員を巻きこみながら拡がっていく諸局面をとりあげることになる。(13) このような会話を成立させる条件を決定することは難しい。しかし、裁判官と裁判所書記官が法服を脱いで当事者といっしょにテーブルを囲むという少額訴訟手続に特有の物理的な環境条件が、その場の自由で脱中心的な会話を促す重要因子であることはまちがいないだろう。そこで、本研究では、ラウンド・テーブル法廷で参加者が共在するなかでおこなわれるリアルな質感をともなったものとして、(14) 法的会話をみていく。解釈法社会学の諸研究がこれまで必ずしも十分に考慮してこなかったと思われる、(15) ラウンド・テーブルを囲んで紛争処理関与者が一堂に会する場の質感を意識しながら、会話分析を試みるのである。

筆者は、ラウンド・テーブル法廷の空間的な特性と結びついて拡張する会話の特徴を強く意識しながら、解釈法社会学から得た理論的枠組を第三章以下の個別事例の解釈に活かしていきたいと考えている。

（5）　対象としての社会を操作するかのような法道具主義的批判として Austin Sarat & Susan Silbey, "The Pull of the Policy Audience," *Law & Policy* Vol. 10 (1988), pp. 97–166 参照。Sarat らは、実質的には政策立案者の社会制御の関心を正当化するようなきわめて一面的な社会秩序イメージの生産強化に貢献してきた政治的立場を、価値中立を標傍することで、隠蔽してきたこれまでの法社会学研究に対して、痛烈な批判をおこなっている。そこでは、国家法のヘゲモニー的権力支配の問題が強く意識されながらも、政策立案者の視点から散布されてきた法イメージは決して完全ではなく、抵抗の余地を残していることが説かれている。以下の立論も Sarat らの議論から大きな示唆を得ている。また、阿部昌樹「批判法学と法社会学―法意識研究をめぐって」大阪市立大学法学雑誌四〇巻四号（一九九四年）一一二頁、棚瀬孝雄「語りとしての法援用―法の物語と弁護士倫理（一）（二）」民商法雑誌一一一巻四・五号（一九九五年）一三一頁、六号（一九九五年）一頁、和田仁孝『法社会学の解体と再生―ポストモダンを超えて』（弘文堂、一九九六年）も参照。

（6）　まさにこの道具主義的な法援用の具体的な形態を経験的に示した研究として、Susan Silbey & Egon Bittner, "The Availability of Law," *Law & Policy Quarterly* Vol. 4 (1982), pp. 399–434 参照。そこでは、消費者保護の政府機関執行官（law enforcement officers in the Massachusetts Attorney General's Office of Consumer Protection）が「消費者保護」の目的を達成する手段として、まったく別の目的を企図した法を使うことで対処していることが報告されている。たとえば、消費者から中古車販売業者への苦情をうけて、普段はほとんど調べられていない走行距離計測で業者に嫌がらせをして「消費者保護」の交渉目的を実現しようとするのである。そこでは、現実の実現容量をこえる公的規制の増殖によって、行政執行官が執行のための資源を調達することができるとされているのである。公共機関もまた、法が本来担わされている機能を逸脱して利用する状況がありうることがわかる。

（7）Austin Sarat & Thomas R. Kearns, "Beyond the Great Divide: Forms of Legal Scholarship and Everyday Life," in Austin Sarat & Thomas Kearns (eds.), *Law in Everyday Life* (The University of Michigan Press, 1933), pp. 21–61による。またたとえば、Austin Sarat & William Felstiner, *Divorce Lawyers and Their Clients: Power and Meaning in the Legal Process* (Oxford University Press, 1995), p. 17には「法や法過程は、それらが位置づけられている局所的世界の理解や解釈の仕方を創造しあるいは強化するのに、重要な役割をはたすとされている。法的な活動とは、法行動に服する人びとに共有されるようになった社会生活に関する特定の観点を、創造し、具体化し、拡張し、あるいは促進する過程の一部分なのである」という記述が見られる。法の言説はその時々の文脈に不即不離に埋め込まれているのである。なお、一般的議論としてBarbara Yngvesson, "Inventing Law in Local Settings: Rethinking Popular Legal Culture," *Yale Law Journal* Vol. 98 (1989), pp. 1689–1709も参照

（8）法律家が常套的に援用する法の言説を、作用した力の痕跡として、その構造を批判的に分析しようと試みるのは「法の言説分析」である。様々な法領域を素材に、わが国でこの「法の言説分析」の方法論の実践を試みた興味ぶかい研究として棚瀬孝雄編『法の言説分析』（ミネルヴァ書房、二〇〇一年）の諸論稿参照。惰性化した（近代）法の言説は、ときにその言説に直面する当事者を疎外することになる。法の言説分析は、その構造を厳しく批判的に分析するのである。このような言説分析の視

点は、本書の「法的会話の解釈」にとっても、非常に有益な指針を提供してくれる。裁判官が法の言説を援用する場面で作用する力の動態に対する注意を喚起してくれるのである。とりわけ本書では、基本的に、紛争当事者の自由で活発な紛争行動を奨励する立場にあり、これを疎外する裁判官の法実践には批判的な目を向けていくことになるだろう。けれどもまた、本研究の採用する方法と言説分析との間に位相の違いがあることも事実である。「法の言説分析」は、法曹テクストを素材にして、歴史的に規定された一定の社会に広く作用する力の通路を批判的に分析することに主要な関心を向けている。それに対して、本書で試みる「法的会話の解釈」は、むしろその力が個別具体的な局所場面で変化していくその過程に主要な関心を向ける。そして、裁判官や紛争当事者たち参加者の相互行為のなかで作用する力の動態を分析するには、会話の流れをたどるという手法が有効だと考えられるのである。

(9) James Scott, *Domination and the Arts of Resistance: Hidden Transcripts* (Yale University Press, 1990) 参照。また、Rosemary Coombe, "Tactics of Appropriation and the Politics of Recognition in Late Modern Democracies," *Political Theory* Vol. 21 (1993), pp. 411－428 は、記号に溢れかえる現代社会においてわれわれが無力であることと同時に、記号を読み替えて流用することで記号の権威に抵抗する余地があることを指摘する。そこでも抵抗は管理の視線を逃れた「噂」のような形であらわれるとしている。たしかにわれわれのような一庶民の自由な実践は、公式の統制の管轄外においてよりいっそう可能性が拡がるに違いない。

(10) Said のオリエンタリズム論や Foucault 的な権力論を前提とした上で、調査現地住民の「抵抗」に着目していくためには、Geertz が開拓した意味志向の解釈的アプローチが有益であると指摘するのは Sherry Ortner, "Thick Resistance: Death and the Cultural Construction of Agency in Himalayan Mountaineering," in Sherry Ortner (ed.), *The Fate of Culture: Geertz and beyond* (University of California, 1999), pp. 136–163. そこでは、危機にであったヒマラヤのシェルパの言動は、登山者の言説ではエキゾティックなものとして構成されるが、実情はけっして理解困難なものではないこと、そして、シェルパは「エキゾティックな」宗教の意味世界を活用して登山者からうまく食料を出させているさまが紹介されている。意味は権力的磁場の罠であるとされるFoucault的な微視的権力論を前提としつつ、なおGeertzの切り開いた「意味」の領域に抵抗の契機を自覚的に見いだそうとする興味ぶかい議論である。

(11)　本研究が参考にしたこのような研究の具体的実践として、Sally Engle Merry, *Getting Justice and Getting Even: Legal Consciousness among Working-Class Americans* (The University of Chicago Press, 1990); Carol Greenhouse, Barbara Yngvesson, & David Engel, *Law and Community in Three American Towns* (Cornell University Press, 1994); Austin Sarat & William Felstiner, *Divorce Lawyers and Their Clients: Power and Meaning in the Legal Process* (Oxford University Press, 1995) などを参照。

(12)　和田仁孝「紛争研究パラダイムの再構成へ向けて」法政研究六一巻三—四号（一九九四年）、和田仁孝前注(5)書、和田仁孝「モダン法思考の限界と法の再文脈化」井上達夫＝嶋津格＝松浦好治編『法の臨界〔I〕法的思考の再定位』（東京大学出版会、一九九九年）二七頁以下。とくに和田はP. Bourdieuの「プラクティス論」とM. de Certeauの「密猟」概念に立脚して自説を構築している。なお、解釈法社会学およびそのわが国への適用の可能性についての批判的検討として宮澤節生「権利—法文化変容のリベラル・ビジョンと権利批判論」宮澤節生＝神長百合子編『法社会学コロキウム』（日本評論社、一九九六年）が重要である。日本においてはむしろ、「共同体の専制から逃れるために、より多くの権利を必要としている（四一五頁）」という立場からの宮澤の分析は解釈法社会学的な方法論を採用しようとするものにとって、アメリカでの議論を再検討する手がかりをあたえるものであり、たとえば筆者は必ずしも社会運動を全面的に否定する立場にはなく解釈法社会学的な関心に基づいた再構成は可能であるという、さしあたりの見とおしを得るにいたった。しかし、本研究の主要な関心は、まさにそこで「極端な楽観主義（四〇八頁）」と厳しく批判されている解釈法社会学が着目した「局所での抵抗」にある。したがって宮澤の批判は本研究にも同様におよぶことになろう。この点、筆者は、わが国において、素人が法制度を利用しようとする際に、公式の秩序言説を援用する法専門家の共同体に疎外される深刻な場面が少なくないと考えている。民事紛争処理はもちろん相手方とのやりとりを軸にしているのだが、素人当事者は法専門家のヘゲモニーとも対峙せざるをえない。そこにおいて、「局所での抵抗」は「瞬間的・個人的なカタルシスで満足する抵抗ゲーム（四一六頁）」にとどまらない素人当事者にとって有益な活動であると考えている。そしてまた、宮澤はその存在を疑問視してはいるが、少額訴訟の現場においては「制度の裂け目」が生じる場面も観察される。その具体的な態様については以下の本論で記述および解釈していくなかで明らかにしていく。

(13)　Lila Abu-Lughod, "The Romance of Resistance: Tracing Transformations of Power Through Bedowin Women," *American Ethnologist* Vol. 17 (1990), pp. 4－55 では、旧来、男性優位の遊牧ベドウィン社会において、女性が共同して伝統的な唄を活用して抵抗する場面があったのに加えて、資本経済の浸透や定住などの生活環境の変化とともに若者が年長者に対し新しい流行歌で抵抗するという対抗軸が出現していることが指摘されている。ここからは、関係構造を多元化する因子が重層的に組み込まれることにより関係の複雑な流動化が生じる可能性が読み取れるのではなかろうか。すなわち、本研究の対象場面にうつして考えると、ラウンド・テーブル法廷でなされる多様な参加者間での会話は、関係態様の変容をもたらすものと推察されうるのである。ただし、若者の抵抗も資本経済というより巨大な支配構造へ取り込まれる危険性を、Abu-Lughod が示唆している点にはより慎重な配慮が必要ではあろう。残念ながら本研究では、このような重層的な支配構造の問題をとりあげることはできていない。なお、共在する人びとの相互作用は新たな「生成」であるという側面があり、そこには第一に個々の参加者の行動の集積としてではなく全体としてひとまとまりの秩序があるとともに、第二に偶発性が多分に内包されているという指摘が、Bruce Mannheim & Dennis Tedlock, "Introduction," in Dennis Tedlock & Bruce Mannheim (eds.), *The Dialogic Emergence of Culture* (the Board of Trustees of the University of Illinois, 1995), p. 9 にある。非常に示唆にとむ指摘であり、後者の「偶発性」に関しては本論でも言及する予定であるが、残念ながら「要素に還元不能な全体性」については個別の事例に即してはほとんど検討できていない。現場を体験した印象の域を出ないが、筆者もたしかにこのような全体性があるのではないかと感じてはいる。

(14)　文脈の実在的側面の前提として参加者自身の「身体」がまず想起される。参加者はその場に居合わせ実演することによって、身をもって紛争処理過程を感じ取り、自身が変化していくのではなかろうか。この点で、南アフリカの Tshidi のシオニズムを素材に、土着の文化形式が植民地勢力のもとで流入してきたプロテスタント的文化形式と融合し、独自の場をつくりあげながら、きびしい日常へと元気に戻っていくための癒しの身体実践を生み出していくとする John & Jean Comaroff, *Ethno-*

graphy and Historical Imagination (West View, 1992), pp. 69−91 が興味ぶかい。

(15)　ただし、Sally Engle Merry, "Courts as Performances: Domestic Violence Hearings in a Hawai'i Family Court," in Susan Hirsch & Mindes Lazarus-Black, (eds.), *Contested States: Law, Hegemony, and Resistance* (Routledge, 1994), pp. 35-58 はこうした法廷空間の特殊性を指摘している。Merryは、家庭内暴力をふくむ紛争を処理するハワイ州の家庭裁判所をとりあげて、裁判所を構成する物理的環境および実践全体のアンサンブルが儀式性を醸し出すとしている。そこに立ち会う人びとへの権力作用のあり方は、Foucault をふまえて Merry が指摘するように、多様な要素の総体によって規定されると考えることに、筆者も同意する。その点でいえば、本研究でとりあげる裁判官や裁判所書記官が法服を脱ぎ、証人訊問の宣誓も省略され、ラウンド・テーブルでおこなわれる少額訴訟は逆に儀式性がかなり払拭されていると考えられる。

第三節　個別事例解釈の含意

ラウンド・テーブル法廷で実施される少額訴訟の審理過程において交わされる、権力作用に彩られた法的会話の特徴を、可能な限りその紛争に固有の状況的因子にも目をむけながら解釈的に考察する。それが本研究の基本的な枠組である。最後に、このような解釈法社会学の枠組を手にして、どのように現場とかかわり、そこから得られる資料を捉えるべきなのかにつき、本研究の立場を述べておこう。

資料となる会話記録は、筆者が裁判所へおもむいて法廷を中心に人びとのやりとりを参与観察し、五感をとおして感受された出来事をできるかぎり詳細に再現するように、「書くこと」によって作成された。それは人類学の民族誌作成を参考にした作業であった。しかし、民族誌的な資料作成作業にはある難しさがつきまとっている。

解釈法社会学に影響を与えたポストモダン人類学は、フィールドワークに基づいて一貫した体系を備えた「異文化」を「記述」してきた従来の民族誌が、研究者によって「創られたもの」であることを強調している。したがって、包括的な文化に見えても、そこには研究者の意図的な整理による取捨選択と排除がある。Clifford は、民族誌が作成および報告してきた文化の部分性をさして「部分的真実 (partial truth)」と呼ぶ。そして、彼はその作成過程で排除されてきた声が交錯する新たな形式での民族誌実践の必要性を説いている(16)。欺瞞的な西洋近代に特有の関心に基づいた「排除」をともなっているにもかかわらず、民族誌作成者は「現場を見た」ということから包括的な文化説明の特権を直截に導き出そうとする。ポストモダン人類学は、この傲慢な特権性を剝奪し、テクストの脱権威化をはかり、そして調査のために現地におもむくわれわれの姿勢に反省をせまる。研究者に対するこの厳しい批判は、もちろん本研究においても十分考慮しておく必要がある。ただし、筆者は、Clifford の主張に共感しつつも、彼とはやや角度を変えて、実態調査に基づく資料作成および会話分析を実践してみたいと考えている。

まず、第一に、現場を体感したことをけっして特権化するべきではないが、その場に居合わせた体験的な衝撃を過小評価する必要もないのではなかろうか。Fox が指摘するように、ポストモダン人類学は調査記録の新たな可能性として修辞表現およびテクスト作成の「技芸（art）」に強い関心を寄せているが、[17]「技芸」以前に研究者が感銘を受けた事実を可能な限り再現しようとする営為は必ずしも否定されるべきものではないと考えるのである。本書は、特定の観点に立脚してはいるが、少額訴訟の現実についての「研究」であって、けっして筆者の創作したまったくの「物語」ではない。そして事実を再現しようとする際に、会話に着目することが有効な一つの方法になると、筆者は考えている。

そのうえで、第二に、特定の視角から個別の会話に着目することで、少額訴訟に関与する具体的な人びとがつくりあげる「部分的真実」を明らかにすることに自覚的であろうと思う。少額紛争とはいってもすべての事例が個性をもった一度かぎりの事象である。そして、筆者は、当事者の自由な紛争活動の可能性を現場から掘り起こそうという視角から、少額訴訟に接近する。それを自覚しておくことで、Abu-Lughod が述べるように、[18]研究者の視点を隠蔽したままでの安易な包括的一般化と、その惰性化を回避することができるのではなかろうか。このことは、本研究も依拠する解釈法社会学が、複数の事例に共通する法則を探究するというよりはむしろ、個別事例の局所的な場面に内在的な解釈を試みようとする姿勢とも符合している。[19]

ところで、理論は一般性を志向し、それを一定の指針として実務は定型的にすすめられる。それでは、部分性を自覚しつつ個別事例に内在して解釈を試みようとするこの研究は、少額訴訟の理論や実務運用とどのような関係を取り結ぶことができるのだろうか。この点に関しては、残念ながら筆者は現在のところ楽観的な考えをもつにすぎない。本研究は「部分的」とはいえ、事実を素材とする経験的研究である。現場に立ち会ったとき、少額訴訟における手続過程の制御構造を周縁化することでより明確に我々の視界に入ってくる現象[20]、素人当事者のいきいきとした紛争行動の一端を示そうとするものである。これまで規範の理論である法解釈学は、当事者のこの言動に必ずしも十分な関心を向けてこなかった。また実務家が、整然と構造化された規範的枠組で捉える視界や実践を自明化していたとすれば、この枠組を逸脱する当事者の言動は無意味なものであったり些細なものであったと感じられていたのではなかろうか。本研究は、構造化を志向する法解釈学的な視界や実践の慣性に抗い[21]、それとは異質な庶民利用者の日常的実践との出会いを契機として、感性を刺激された法律家が自己を相対化する運動をうながすことをねらいとしている[22]。

(16)　James Clifford, "Introduction: Partial Truths," in James Clifford & George Marcus (eds.), *Writing Culture: the Poetics and Politics of Ethnography* (University of California Press, 1986)、「部分的真実（partial truths）」についてはp. 7, また近年の実験的な民族誌の試みに目を配りつつ、

新たな民族誌作成方法として提示する「対話様式（Dialogical modes）」についてはp. 13以下、とくにp. 17参照。周知のとおり、Writing Cultureの諸論考は、どれも従来の「客観的な」民族誌テクストの権威の背後に隠された書く側／書かれる側の権力関係を鋭く指摘かつ批判したうえで、新たな民族誌のあり方をそれぞれが構想しようとしている。その問題意識はわが国の人類学にもすでに影響を与えている。たとえば、栗本英世「フィールドワークの経験と民族誌を書くこと」谷泰『文化を読むフィールドとテクストのあいだ』（人文書院、一九九一年）、松田素二「意味と力の弁証法」前掲・『文化を読む　フィールドとテクストのあいだ』、太田好信『トランスポジションの思想―文化人類学の再想像―』（世界思想社、一九九八年）、栗本英世＝井野瀬久美恵編『植民地経験　人類学と歴史学からのアプローチ』（人文書院、一九九九年）、杉島敬志編『人類学的実践の再構築―ポストコロニアル転回以後』（世界思想社、二〇〇一年）など参照。

(17) Richard Fox, "Introduction: Working in the Present," in Richard Fox ed. *Recapturing Anthropology-Working in the Present* (School of American Research Press, 1991), p. 9が念頭においている「ポストモダン人類学」は主にWriting Cultureであり、そしてCliffordらの主張が「民族誌の文芸化」に帰着することを批判する。

(18) Lila Abu-Lughod, "Writing Against Culture," in Richard Fox ed. *Recapturing Anthropology-Working in the Present* (School of American Research Press, 1991), pp. 137-162によれば、包括的な文化概念によって「自」と「他」が権力的に分割される状況に対して「文化に抗して書く」ことが必要である。彼女が示す「文化に抗して書く」具体的方法とは、権力的な階層構造を存立させている専門的言説の使用を控えることと、現象を一般化するのではなく特定の出来事としてあつかうべきことである。そこではまさに一般性の言語ではくみつくせない人びとの活きいきとした日常性に配慮するために、「特殊性の人類学（ethenograph of the particular）」が提唱されている。そして、「特殊性の人類学」が距離をとろうとする専門的科学の言説に対抗するには、いまさらながらヒューマニスト的な言説に依拠せざるをえない。ただし、そのさい、ヒューマニスティックな努力の危険性に対する冷静な自覚が必要であると警告するのである。Abu-Lughod はこの醒めつつまきこまれる方法を「戦術的ヒューマニズム」とよぶ。

(19)　Christine Harrington & Barbara Yngvesson, "Interpretive Sociolegal Research," *Law & Social Inquiry* Vol. 15 (1990), pp. 135–148 とくに pp. 144–146 では，民族誌にまつわる「科学」と「解釈」の問題をあつかっている。Harringtonらも、ポストモダン人類学を手がかりに、解釈的方法論はインフォーマントとの対話のなかで関係に巻き込まれつつ実践するものであることを確認している。関係の外部、「客観的」科学の領域に意味づけをおこなうことに抵抗するのである。

(20)　Renato Rosaldo, *Culture and Truth: The Remaking of Social Analysis* (Beacon Press, 1989) ch. 1–ch. 3 は、根強く存続してきた古典的な人類学テクストの一面的な一般性を厳しく批判し、これを相対化しようとする。本研究もまた、少額訴訟の手続構造を完全に破棄することを目的とするものではない。本書の第二章第一節で整理する少額訴訟の手続構造も「ひとつの観点」であることを示そうとするものである。そして、そのさい、本書でもまた Rosaldo が ch. 4–ch. 6 で着目しているような「偶発性」を重視する。当事者の日常的実践がみせる即興性をふまえることによって、この「ひとつの観点」が再構成される可能性もまた展望されるのではなかろうか。

(21)　この点、馬場健一「法社会学基礎論覚え書き――『固有の法社会学』は可能か――」神戸法学雑誌第四九巻三号（二〇〇〇年）二九九頁以下では、「法社会学の固有性」を「実定法学との関係において、『侍女』どころか実は『分業』『協働』さえも越えた対抗性、批判性を持つべきこと」（三三二―三三三頁）に見いだそうとする。筆者も共感するところが多い。ただし、筆者自身は、実定法学との相互対話のなかで批判性を保持しながらも、「協働」のあり方を模索することは十分に可能であると考えている。

(22)　浜本満「差異のとらえかた―相対主義と普遍主義」『岩波講座　文化人類学第一二巻　思想化される周辺世界』（岩波書店、一九九六年）六九頁以下では、人類学の認識態度に関して、相対主義は普遍主義との対立で捉えられる傾向があるが、じっさいにはむしろこの両者は相互依存の関係にあることを指摘し、それよりも自文化中心主義と反自文化中心主義との対立軸の重要性を喚起しようとする。そしてその後者、反自文化中心主義的な相対主義および普遍主義から派生する「自己の相対化の運動」に着目するのである。すなわち、全体性を志向する普遍主義は、他者との新たな差異に魅了されて全体性の再構成を図ろうとする。そのさき、「相対主義は、普遍主義が信奉する単一の全体性を放棄し、自分たちに対して同様に、他者にもそれぞれの全体性を認める」とされる。このような他者を自己相対化の契機とするとともに、他者にもひとつの全体性を認める姿勢を、法律家にも期待したい。

第二章　調査実施当時の少額訴訟制度

本章は、まず少額訴訟制度に関して語られる公式の言説によって構築される、一般的な少額訴訟モデルを整理することを目的とする。その時その場での実践でどこまで機能しているのかはともかく、裁判官ら実務家が基本的に依拠する観念的な少額訴訟モデルとはどのようなものなのかということを明らかにする。いうまでもなく、少額訴訟手続は、現行民事訴訟法の第六編「少額訴訟に関する特則」に基づいて構造化されている。裁判官の行動もこの法規を根拠に構想されることだろう。したがって、ここでも、「少額訴訟に関する特則」に言及しつつ、理論的構造化をはかることになる。なお、その作業は一九九九年前後に刊行された資料を中心におこなわれる。本研究の実態調査が実施された一九九九年三月から二〇〇〇年四月の間にに少額訴訟を実践した裁判官がいだいていたであろうモデルの近似値にせまるためである。また、理論的モデルに加えて、既に公刊されている統計的資料をもとに、当時の少額訴訟の利用状況についても俯瞰してみる。ただし、定量的分析という点において、本研究では、中心的部分を構成する第三章以下の定性的分析とあわせて多角的検討をおこなうのに必ずしも十分な資料の入手、およびその分析はなされていない。したがって参考程度のものにとどまる。

しかし、そうではあるけれども、本研究の調査当時における少額訴訟制度運用の一部に関する輪郭をつかむにはなお有効であると考える。

第一節　審理構造の関連法規

「新民事訴訟法は、民事訴訟を国民に利用しやすく、分かりやすいものとすることを主たる目的として、いくつかの新制度を創設した。なかでも、小規模な紛争について一般市民が訴額に見合うわずかな経済的負担で、迅速かつ効果的な解決を簡易裁判所に求めうることを目的として創設されたのが少額訴訟であり、訴額三〇万円以下の金銭支払請求事件について、原告の希望により選択できる簡易・迅速な手続である。(1)」少額訴訟の一般的なねらいや特徴は、この記述のとおりである。本節では、この記述を、個々の関連法規のうちにどのように具体化されているのかについて、もう少し詳しくみていこう。なお、少額訴訟手続に関しても、法解釈学上、さまざまな問題点が指摘されているが、ここではそうした限界的な事態ではなく、通常の実践形態として観念されているであろうモデルを描くことにしたい。

本研究での経験的分析の対象となるのは主に審理の場面である。しかしながら、少額訴訟制度が、低額の生活紛争を簡易迅速かつ効果的に解決するという目的を実現するためには、審理の場面の構造化だけでは十分ではない。審理を有効に機能させるためには、審理の前後、すなわち審理にむけた準備および審理終了後の紛争のなりゆきにも、視野を拡げてみなければならないのである。そこでまず、審理に先立つ事前準備がどのように制度化されているのかを整理することから始めよう。(2)

少額訴訟手続は、三〇万円以下の金銭支払請求事件につき、当事者が選択することによって開始される（民訴法三六八条）。その際、多くの素人当事者は、必ずしも十分な知識をもたないまま裁判所の受付相談窓口にやってくることが予想される。そこで、受付相談段階から、次のような裁判所の情報提供および利用者支援の応接が重要になってくる。(3) 訴訟制度を活用しようとする当事者は、直接あるいは電話により、受付窓口で受付相談担当者から少額訴訟手続の概要について分かりやすく説明をうける。(4) 説明には少額訴訟用のリーフレットや定型訴状用紙が利用されている。制度の概要を理解した上で、当事者は、訴状提出段階に少額訴訟手続を利用するかどうか決めることになる。少額訴訟手続を選択した当事者は、事件類型ごとに書式が定型化された訴状用紙の必要事項をチェックして埋めていく。(5) 受付担当書記官は、訴状作成指導をおこないつつ、原告から審理の見通しを立てるのに必要な参考事項を聴取し、その内容を後の手続の担当者に引き継ぐことが求められている。(6)

その後、双方当事者に対して、裁判所から第一回口頭弁論期日の呼出状が少額訴訟手続説明書を同封して送付される。もちろん被告には訴状副本も送られるが、対応しやすいように定型答弁書用紙も送付される。訴状送達後、第一回口頭弁論期日までの間、担当書記官が電話等により、当事者双方の言い分を把握するために期日外釈明および参考事項の聴取をおこなうことが期待されている。[7] 裁判所書記官は、当事者双方に事前準備を促し、そこで得られた情報を裁判官および司法委員に説明し、審理に備えるわけである。[8]

期日当日、被告が少額訴訟による処理に同意すれば、少額訴訟手続はそのまま進められる。次に、少額訴訟手続の審理に見られる特徴の整理を試みる。審理の特徴は主に次の三つに集約されよう。すなわち、「一期日審理の原則」、「主張と証拠の一体化」、「少額訴訟判決」である。[9]

第一に、一期日審理の原則である。少額訴訟手続では、特別の事情のある場合を除き、第一回口頭弁論期日において審理を完了しなければならず、当事者は期日までにすべての攻撃防御方法を提出しなければならない（民訴法三七〇条一項、二項）。また、証拠調べも即時に取り調べることができる証拠に限られる（民訴法三七一条）。[10] 低額の生活紛争を処理するのに、一般市民に分かりやすく利用しやすい制度として、集中審理による一期日審理を実現しようとするものである。

第二に、主張と証拠の一体化である。弁論手続と証拠調べ手続というような手続の方式や機能や効果などにつき知識のない素人を想定した場合、当事者が素人的立場から十分なディスカッションをするためには、手続法上の専門的峻別を意識せずに自由に活動できることが必要である。すなわち、本人の当事者としての主張と本人訊問での陳述は区別なくモザイク状に織りなされていくのである。[11]

第三に、少額訴訟判決である。一期日審理の原則の趣旨をいかして、判決の言渡しも、審理を終了した後ただちにすることになった。即日判決の言渡しである（民訴法三七四条一項）。そして、被告が任意の履行をしやすいように配慮し、少しでも原告の強制執行の負担を軽減させるために[12]、判決の内容で、支払猶予を付したり、支払方法を分割払いにしたり、訴え提起後の遅延損害金の支払義務を免除したりすることができるようになっている（民訴法三七五条）。

少額の紛争につき、一期日で集中的に当事者の自由な対論を経て、その日のうちに被告の支払能力にも配慮した判決で解決をはかる。少額訴訟の審理はこのように観念されている。なお、審理が終了した後、少額訴訟手続に相応の簡易迅速性を備えた低コストの強制執行手続が予定されているわけではなく、通常の強制執行手続を利用せざるをえないことを考慮すると[13]、可能であるかぎり被告の任意履行の方途を探るべきだろう。少額訴訟判決はこのことをふまえた制度ではあるが、より直截に双方の合意に基づく和解が達成されることが望ましい。少額訴訟手続ではこのような関心から、和解が奨励されることになる。そして、そこでは双方当事者の和解を斡旋する司法委員の役割が重要になってくるのである[14]。

最後に、少額訴訟の終局判決に対する不服申立て方法としては、控訴は禁止されており（民訴法三七七条）、その判決をおこなった簡易裁判所に対しての異議申立てのみが認められている（民訴法三七八条一項）。異議後は通常の手続によって審理・裁判がおこなわれる（民訴法三七九条一項）。簡易迅速な手続の実現のために、同一審級内での通常の手続による再審理のみを認めているのである[15]。

（1）塩崎勤「序に代えて」『金融・商事判例別冊　少額訴訟―理論と実務―』（一九九九年）二頁。なお、本論では言及していないが、少額訴訟制度が、貸金業者に占拠されその債権取立機関になってしまわないように同一の裁判所において年間一〇回利用回数の制限が設けられていることも重要である（民訴法三六八条）。

（2）審理にむけた準備の重要性については、いたるところで言及されているが、たとえばジュリスト増刊「研究会新民事訴訟法―立法・解釈・運用」（一九九九年）四八四頁の三宅省三発言および福田剛久発言参照。なお校正段階で司法研修所編『少額訴訟の審理方法に関する研究―よりやさしい運営をめざして―』（法曹会、二〇〇一年）に接した。その八―五九頁では準備のための現場の工夫が整理されており、興味ぶかい。

（3）濱野亮「少額紛争解決システムへのアクセス・ポイント―少額訴訟制度を中心として―」法と実務一巻（一九九九年）六五頁以下は一九九八年八月～一九九九年九月の実態調査に基づき、東京簡裁の受付相談センターの役割を分析検討する貴重な研究である。また雛形要松「新民事訴訟法における簡易裁判所の役割」書研所報四五巻（二〇〇〇年）九―一一頁も参照。

（4）「特集座談会　少額訴訟事件担当書記官の座談会」書協会報一四六号（二〇〇〇年）五頁には、東京簡裁の受付相談センターにおいて受付相談事務を担当している林東京簡裁書記官の次のような発言が見られる。「東京簡裁のやり方は、まず、センターを訪れた相談者に対して、相談カードというのを渡して記載してもらいます。カードの内容は、どちらにお住まいのどういう方なのかとか、具体的な相談内容を書いてもらいます。その上で、相談担当者が、どこのだれとの間にどのような紛争があるのか、どのような内容の請求をしたいのかを把握することになります。その後に、支払督促、調停、通常訴訟、そして少額訴訟の四つの手続について記載してある手続説明書を示しながら、当事者に分かりやすく、かつ効率的に説明します。」

(5)　横田康祐＝中島寛＝岡田洋佑『〈新・書式全書〉簡裁民事手続Ⅰ―解説と手続―』(酒井書店、二〇〇一年)一〇四―一一一頁参照。

(6)　受付係と事件担当係との連携の工夫については前掲・「特集座談会　少額訴訟事件担当書記官の座談会」七頁参照。それによれば、一般には書記官同士の共通認識を形成するためにマニュアルを作成することがうかがわれる。高橋東京簡裁書記官の発言では、東京簡裁では少額訴訟制度発足と同時に、少額訴訟の事前準備用のものと、少額訴訟の事件審理要領とふたつのマニュアルがつくられ、各書記官に配布されたことが報告されている。また検討委員会で問題点検討もおこなっているとされている。

(7)　期日前の準備については前掲・「特集座談会　少額訴訟事件担当書記官の座談会」八―一〇頁参照。とくに九頁では高橋東京簡裁書記官による被告への働き掛けの実情が報告されている。それによれば、「被告の方から、何もアクションがなければ、マニュアルでは、事案によっては、書記官が被告の方に電話などしてみることに」なっているが、高橋書記官自身は当時まだしておらず、裁判官の命によって書記官が電話をする係もあるようだが少数であるとのことである。

(8)　事前準備段階で把握した事情について裁判所書記官が裁判官に伝達するあり方に関しては前掲・「特集座談会　少額訴訟事件担当書記官の座談会」一〇―一一頁がある。東京簡裁の状況は報告されていないが、メモを活用したり、裁判官および司法委員と打ち合わせをすることなどが全国の様々な書記官から報告されている。

（9）　この特徴への着目は石田賢一「少額訴訟の審理の特色」塩崎編『少額訴訟―理論と実務』二五頁以下による。

（10）　前掲・「研究会　新民事訴訟法―立法・解釈・運用」四八三頁の竹下守夫発言にみられるように一期日審理の原則は「少額訴訟の、いわば命のような非常に重要な原則」であり、それを支えるのが証拠の即時性の原則である。しかしながら、証拠調べをめぐっては「文書送付嘱託」、「文書提出命令」、「鑑定」などの問題があることにつき横田康祐「証拠調べの即時性に係る問題点」塩崎編『少額訴訟―理論と実務』五九頁以下等参照。ただし、本章では、このような限界的な状況をひとまずはずして、一般的な手続の流れをたどる。また、一期日で審理を終了させるためには、審理が複雑にならないことが要請される。この点から少額訴訟手続では反訴が禁止されている（民訴法三六九条）。

（11）「座談会　少額訴訟手続の運用について」法曹時報四九巻一〇号（一九九七年）一六三―一六六頁、および最高裁判所事務総局民事局監修『少額訴訟手続関係資料―簡易裁判所判事協議会協議要録』（法曹会、一九九八年）四一―四二頁参照。

（12）　少額訴訟判決の執行の問題につき前掲・「研究会　新民事訴訟法―立法・解釈・運用」五〇二―五〇四頁が興味ぶかい。そこでは、素人当事者が自分で少額訴訟判決の強制執行を起動させていくことについて、弁護士である三宅省三が「三〇万円だったら簡単だ」と考えるのに対して、民事訴訟法研究者の竹下守夫および青山善充が困難ではないかと主張しており、認識の違いがみられる。

（13）　少額訴訟判決の正当化根拠およびその強制執行や不服申立方法に関する議論として中島弘雅「少額訴訟判決と強制執行・不服申立て」『吉村徳重先生古稀記念論文集　弁論と証拠調べの理論と実践』（法律文化社、二〇〇二年）六九―九一頁。

（14）　司法委員制度は、簡易裁判所での紛争解決に市民の良識を反映させるとともに、国民の司法参加の一形態として実現された制度である。司法委員の職務内容としては、本論で言及した和解勧試の補助にならんで、立ち会った審理で当事者から意見を聴取することがある。とくに後者の意見聴取については、国民の司法参加との関連で重要性が指摘される。横田康祐「司法委員制度の運用状況等の紹介」判例時報一七二七号（二〇〇〇年）三頁以下、岸本将嗣＝後藤好子「司法委員の意見聴取を中心とした運用状況について」民事法情報一六七号（二〇〇〇年）五五頁以下、小池咲子＝岸本将嗣「司法委員制度の運用について」書記官一八六号（二〇〇一年）三頁以下参照。

（15）　少額訴訟制度の上訴制限を定めた民訴法三八〇条一項が憲法三二条に違反するものではないとする判例として、最判平成一二年三月一七日判例時報一七〇八号二九頁、判例タイムズ一〇三二号一四五頁参照。

第二節　一九九九年の制度運用の概況

本研究が対象とする実態調査期間は、一九九九年四月から二〇〇〇年三月までの一年間である。すなわち、制度が施行された一九九八年の一年三ヶ月を過ぎた後から、調査は開始されたことになる。周知のとおり、少額訴訟手続の導入に先行して、東京簡易裁判所では「市民紛争事件」を処理するための手続上の工夫が実験的に試みられてきた。(16)いわばこの実務上の準備期間の成果もあって、少額訴訟制度は、導入直後からスムーズに運営され、弁護士に依頼することなく素人が自分で訴訟活動をおこなっていく手続として普及浸透している、という状況が報告されている。[17]一九九八年、少額訴訟制度は概ね期待どおりのすべりだしをしたと言えよう。

制度導入直後の一九九八年の一年間に関しては、東京簡易裁判所を対象としたきめ細かい調査がおこなわれ、その結果が公刊されている。[18]それに対して、本研究であつかう期間と完全に対応する十分な定量的資料を、筆者は入手することができなかった。したがって不完全ではあるが、ここでは司法研修所編『少額訴訟の審理方法に関する研究―よりやさしい運営をめざして―』を主な手がかりに複数の資料を活用して、[19]一九九八年の資料とも比較しながら、一九九九年の少額訴訟制度の利用状況について概観する。

㈠　新受事件と既済事件に見られる特徴

まず全国の簡易裁判所における少額訴訟の新受件数をみると、一九九八年が八、三四八件であったのに対して、一九九九年は一〇、〇二七件と、一、六七九件増加している。前年を基準に考えると、全国的に、少額訴訟手続の利用は約二〇・一％増加していることになる。それでは東京簡易裁判所はどうだろうか。ここでは資料の制約上、東京地方裁判所管内の新受事件数でみてみよう。一九九八年が一、五九八件であったのに対して、一九九九年は二、〇〇二件と、四〇四件増加している。東京地

［図１－１］少額訴訟新受事件数

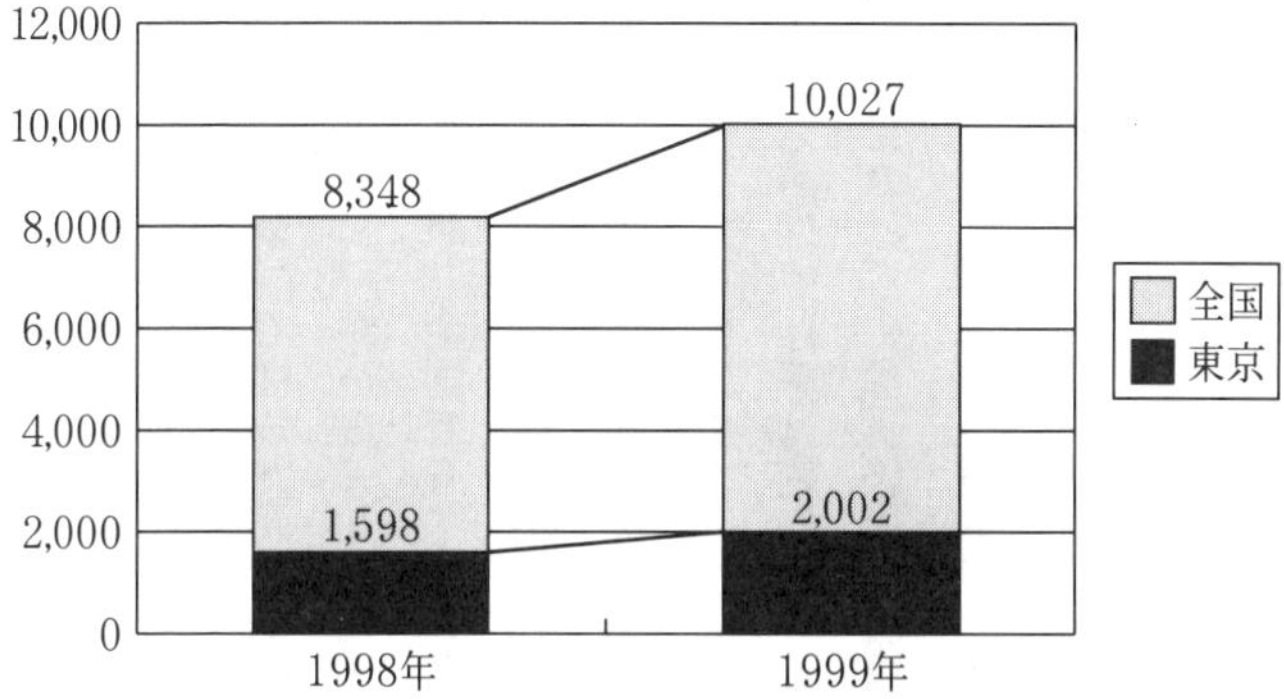

少額訴訟新受事件数

	全　国	東　京
1998年	8,348	1,598
1999年	10,027	2,002

［図１－２］少額訴訟既済事件数

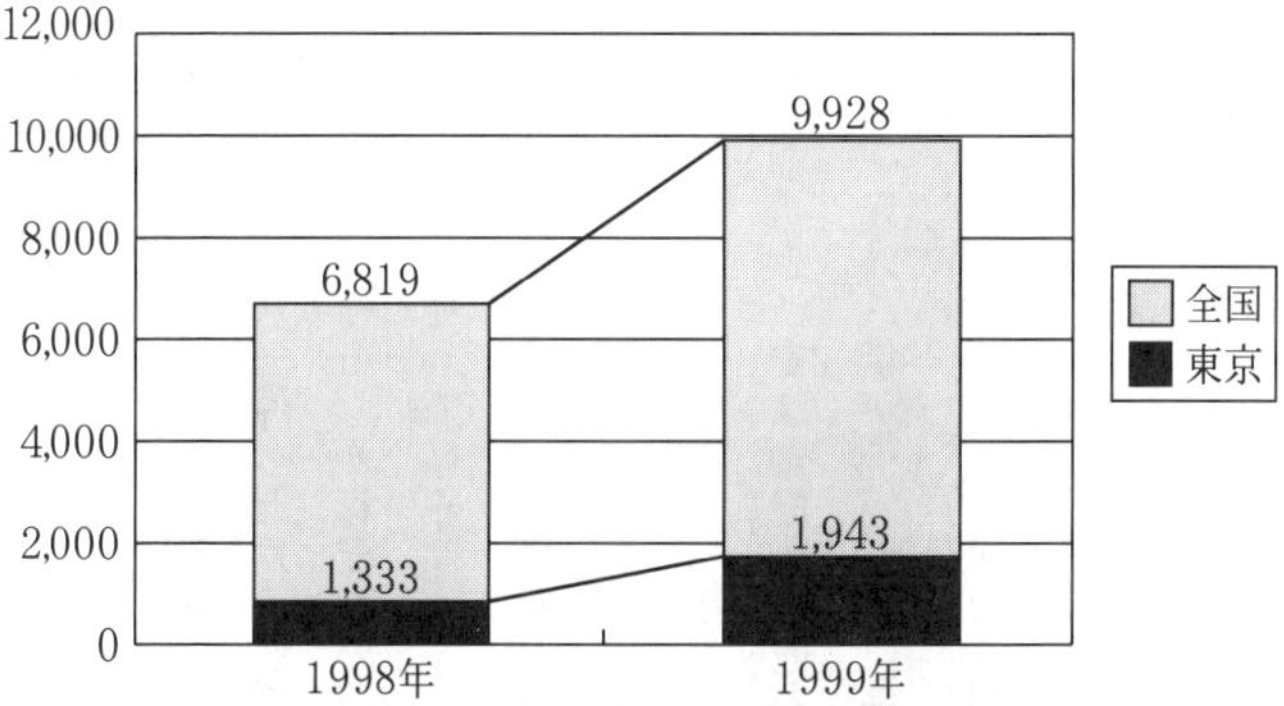

少額訴訟既済事件数

	全　国	東　京
1998年	6,819	1,333
1999年	9,928	1,943

［資料：『司法統計年報１民事・行政編　平成10年』48～49頁および『司法統計年報１民事・行政編　平成11年』18頁による。］

裁管内の簡易裁判所では、少額訴訟手続の利用が前年比の約二五・二％増加していることがわかる。[20]このことから、一年で、少額訴訟制度についての市民の知識や理解が、全国でもそして東京でもいっそう普及浸透しつつあったということが推察されよう。[21]ちなみに、少額訴訟判決に対する異議申立てについても、全国では一九九八年の一二〇件から一九九九年の一八三件へと六三件増加し、東京でも一九九八年の二六件から一九九九年の四四件へと一八件増加している。それぞれの前年比でも、総数自体は少ないが、全国で五二・五％、東京で六九・二％の増加になっている（[図１—１]）。

次に既済事件の処理件数から、少額訴訟による紛争処理にみられる特徴を考察する。まず全国の簡易裁判所における少額訴訟の既済事件数をみてみると、一九九八年が六、八一九件であったのに対して、一九九九年は九、九二八件となっており、三、一〇九件増加している。前年を基準に考えると、全国的に、事件処理率は約四五・五％あがっているのである。それではまた東京地方裁判所管内の簡易裁判所における少額訴訟の既済事件数はどうだろうか。一九九八年が一、三三三件であったのに対して、一九九九年は一、九四三件と、六一〇件増加している。前年比で、約四五・七％あがっているのである（[図１—２]）。

さて、以上の既済事件数の推移は次のように解釈することができるのではなかろうか。全国および東京ともに、既済事件数も一年で前年の約四五％増と大幅に増加している。約四五％という増加率は、新受件数の二〇あるいは二五％という増加率にくらべても大きいのである。[22]このことは、少額訴訟を処理する裁判所の容量に、一九九八年段階ではまだかなりゆとりがあり、一九九九年にはそのゆとりが埋まったということかもしれない。とくに東京簡易裁判所では、「市民紛争事件処理」として少額訴訟制度導入に先立つ十分な準備体制ができていたことが、少額訴訟制度施行後にも効果を発揮しているものと推測される。しかしまた、それに加えて、少額訴訟の運営状況に即して、裁判所の組織内部において事件処理体制の合理化の努力がいっそうすすめられていることもあげられるだろう。裁判所における事件処理の効率が上がっている、ということが言えるのではなかろうか。

(二)　既済事件の終局区分の内訳

以上の少額訴訟における既済事件の処理状況は、どのような終了の仕方をしているのかという終局事由ごとの区分では何か特徴がみられるのだろうか。一九九九年の、全国および東京地方裁判所管内の簡易裁判所における区分状況についてみてみよう。なお、いずれにおいても、現実には「判決」「和解」「取下げ」でほぼ九九%を占めているため、この三つの終局事由および「その他」という区分で整理する。

この期間、既済事件総数は、全国で九、九二八件、東京地方裁判所管内で一、九四三件である。(23) まず、全国の九、九二八件の内訳である。このうち通常移行したものが一、五〇一件であるため、実際に少額訴訟手続で審判を受けたものは八、四二七件となる。そのうち判決で終了したものは三、四七

「少額訴訟既済事件の終局区分別事件数（11年）」より

地裁管内別	既済総数	通常移行せずに終局した事件総数	判決			和解	取下げ	その他
				対席判決	欠席判決			
全国	9,928	8,427	3,474	1,046	2,428	3,108	1,783	62
東京	1,943	1,687	697	239	458	597	376	17

［図２－１］少額訴訟既済事件の終局区分別事件数
【全国】（1999年）

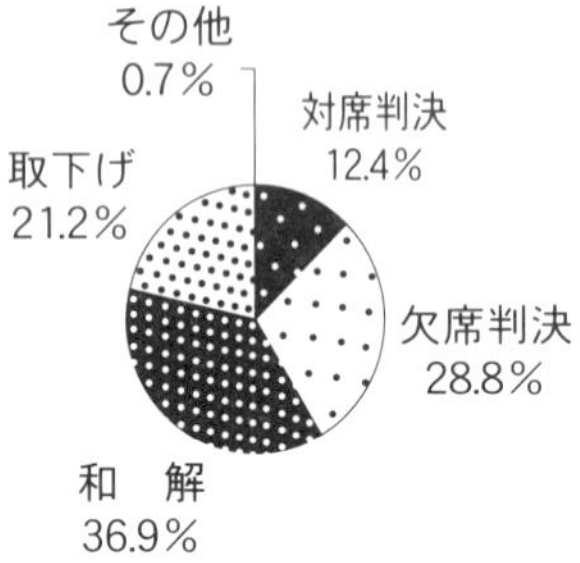

［図２－２］少額訴訟既済事件の終局区分別事件数
【東京】（1999年）

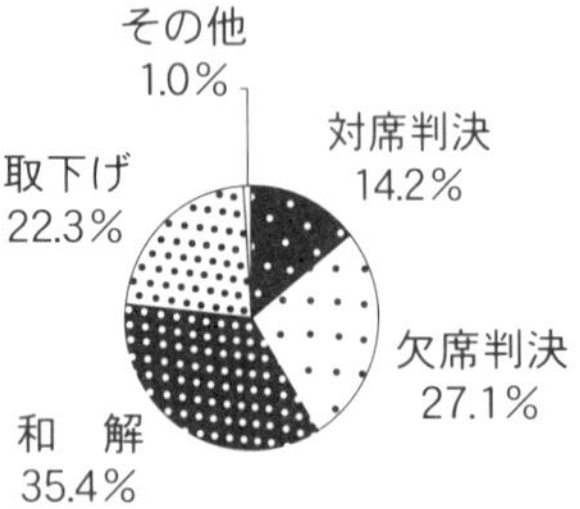

［資料:『少額訴訟の審理方法に関する研究－よりやさしい運営をめざして－』185頁による。］

四件で四一・二％を占める。次に和解で終了したものは三、一〇八件で三六・九％を占める。最後に、取下げで終了したものは一、七八三件で二一・二％を占める。その他の終了の仕方は六二件とわずかに〇・七％である。終局事由による区分の割合をみると、このように判決が四一・二％と最も多い終局事由となっている。しかしながら、その内容には対席判決と欠席判決が含まれていることに注意を要するであろう。うち、対席判決は一、〇四六件で、通常移行したものを含まない既済事件総数の一二・四％を占め、欠席判決は二、四二八件で二八・八％を占めている。判決を対席判決と欠席判決にまで区分して考えるならば、通常移行したものを含まない全国の既済事件総数の終局事由は、次のような割合になっていることがわかる。まず、和解が三六・九％、それに次いで欠席判決が二八・八％、取下げが二一・二％、対席判決が一二・四％、その他が〇・七％となっているのである（[図２―１]）。

東京地方裁判所管内においても、以下のようにこれとほぼ類似した状況がみられる。一、九四三件の内訳であるが、通常移行した二五六件を除くと、一、六八七件になる。うち、判決で終了したものが六九七件で四一・三％、さらにそのうち対席判決が二三九件で一四・二％に対して、欠席判決が四五八件で二七・一％を占める。次に和解で終了したものが五九七件で三五・四％を占め、取下げで終了したものが三七六件で二二・三％を占める。その他が一七件で一・〇％となっている。したがって、終局事由の割合も、和解が三五・四％、それに次いで欠席判決が二七・一％、取下げが二二・三％、対席判決が一四・二％、その他が一・〇％となっているのである（[図２―２]）[24]。

㈢　まとめ

以上をまとめると次のようになる。「新受事件と既済事件に見られる特徴」によれば、全国および東京における新受事件は一年で増加しており、少額訴訟手続が利用者のあいだに浸透しつつある。またさらに、既済事件の増加率がそれ以上に高いのは、裁判所内部での処理体制の合理化がうまく進んでいることを反映している。その合理化は様々な面で試みられているだろうが、「既済事件の終局区分の内訳」との関連で考えると、すでにこの時点でその六割以上をしめる「欠席判決」および「和解」を標準的な終了形態としてある程度の定型的な処理運用におよんでいるのではなかろうか[25]。そう推察されるのである。

(16)　その概況につき、東京簡易裁判所市民紛争事件担当者会議「東京簡易裁判所における市民紛争事件処理の実験」判例タイムズ九一一号（一九九六年）四頁以下、若生朋美「東京簡易裁判所における市民紛争事件処理の実験」民訴雑誌四四号（一九九八年）二四二頁以下を参照。また旧法下での少額事件処理に関する実務家の研究として、司法研修所編『少額事件の簡易迅速な処理に関する研究』（法曹会、一九九一年）、梶村太市＝深澤利一＝石田賢一編『少額訴訟法』（青林書院、一九九四年）がある。

(17)　「市民紛争事件処理」の実績が新設された少額訴訟手続の普及定着に活かされていることについて

は前掲・「研究会　新民事訴訟法―立法・解釈・運用」四七一―四七二頁の福田剛久発言参照。また、少額訴訟手続の多くが本人自身の手で進められていることについて、東京簡易裁判所少額訴訟手続研究会・前掲「制度導入後一年間の少額訴訟の事件と審理の概況」三および七頁によれば、東京簡易裁判所での一九九八年の新受事件総数一、四七一件のうち、訴え提起時に原告の訴訟代理人として弁護士が受任している割合は、六・九％にあたる一〇二件である。すなわち九三％が本人訴訟として提起されているのである。さらに新受事件総数のうち六四・三％にあたる九四六件の原告が個人であり、うち弁護士が訴訟代理人として受任しているのは三三件である。このことからも、少額訴訟制度は、一般庶民が自分で活用していくことのできる手続として定着しつつあることがわかる。

(18)　東京簡裁少額訴訟手続等研究委員会「東京簡裁における少額訴訟事件の概況」判例タイムズ九八三号（一九九八年）四頁以下、東京簡易裁判所少額訴訟手続研究会「制度導入後一年間の少額訴訟の事件と審理の概況」法曹時報五一巻九号（一九九九年）一頁以下などを参照。

(19)　主に最高裁判所事務総局『司法統計年報一民事・行政編　平成一〇年』（法曹会、一九九九年）、最高裁判所事務総局『司法統計年報一民事・行政編　平成一一年』（法曹会、二〇〇〇年）、最高裁判所事務総局民事局監修『少額訴訟手続関係資料（その二）』（法曹会、二〇〇〇年）一九頁以下、最高裁判所事務総局民事局「平成一一年度民事事件の概況」法曹時報五二巻一一号（二〇〇〇年）一一九頁以下を参照した。ただし、司法統計年報の掲載事項が、平成一〇年のものと平成一一年のものとでは大きく変わっており、平成一一年のものには簡易裁判所ごとの終局区分が掲載されていないため、平成一一年の終局区分の内訳に関しては司法研修所編・前掲『少額訴訟の審理方法に関する研究―よりやさしい運営をめざして―』を参照した。

(20) ちなみに、東京地方裁判所管内の簡易裁判所では、二年目には全国的にも早い時期に制度発足一年目の新受事件数に到達している。全国の簡易裁判所の新受事件数に関しては、本文で記したように一九九九年は最終的に一〇、〇二七件であったが、同年の一～一〇月の期間内では八、二九二件となっている。一九九八年が八、三四八件だったわけであるから、この一〇ヶ月の時点では前年を超えてはいない。それに較べて、東京地方裁判所管内ではすでに前年を超えている。すなわち、東京地方裁判所管内では一九九九年は最終的に二、〇〇二件であったが、同年の一～一〇月の期間内では一、六四五件となっている。一九九八年の総数が一、五九八件だったわけであるから、一〇月段階ですでに四七件超過しているのである（最高裁判所事務総局民事局監修・前掲『少額訴訟手続関係資料（その二）』一九一─二〇頁参照）。

(21) 筆者が調査をおこなった一九九九年の九月に最高裁判所事務総局民事局によって実施された少額訴訟利用者アンケートの結果につき原克也＝竹内康人「少額訴訟利用のすすめ─少額訴訟利用者アンケート分析をもとに」ジュリスト一一七二号（二〇〇〇年）一五六頁以下参照。その結果からも利用者に概ね好評であることがわかる。

(22) なお、これらの既済事件数には通常移行したものも含まれている。そこで通常移行した事件を差し引いた、実際に少額訴訟で審判されたと考えられる事件数は、『司法統計年報一民事・行政編　平成一〇年』、『司法統計年報一民事・行政編　平成一一年』、また東京簡裁における一九九九年のの状況については、司法研修所・前掲『少額訴訟の審理方法に関する研究─よりやさしい運営をめざして─』一八五頁によれば次のようになっている。全国では、一九九八年が五、九五八件、一九九九年が八、四二七件、東京簡裁では、一九九八年が一、一五四件、一九九九年が一、六八七となっている。なお、通常移行した事件も少額訴訟の既済事件数に換算していることにつき、最高裁判所事務総局民事局・前掲『少額訴訟手続関係資料』二頁では、通常移行した事件も利用回数として考慮され制限の対象となることが記されており、一定の合理性があるといえよう。

(23)　ちなみに最高裁判所事務総局民事局監修・前掲『少額訴訟手続関係資料（その2）』三二頁によれば、一九九九年一～九月の既済事件総数は全国で七、三一九件、東京地方裁判所管内で一、四〇九件となっている。ここでも、前年の一九九八年の既済事件総数が全国で六、八一九件、東京地方裁判所管内で一、三三三件であったのを考えると、一九九九年はすでに三ヶ月を残して全国で五〇〇件、東京地方裁判所管内で七六件も処理件数が増えていることがわかる。

(24)　ちなみに参考として前年の割合状況をみてみると、通常移行したものを含まない全国の五、九五八件のうち、和解が三六・二%の二、一五八件、欠席判決が三〇・二%の一、八〇四件、取下げが二〇・六%の一、二三一件、対席判決が一二・二%の七二八件、その他が〇・六%となっており、東京地方裁判所管内の一、一五四件のうち、和解が三六・五%の四二二件、欠席判決が二八・九%の三三四件、取下げが二二・四%の二五九件、対席判決が一一・六%の一三四件、その他が〇・四%の五件なのである。

(25)　筆者が校正段階で接した司法研修所編・前掲『少額訴訟の審理方法に関する研究―よりやさしい運営をめざして―』では、少額訴訟制度施行後三年の実績をふまえて、とりわけ少額訴訟の受理の場面でのこうした合理化が構想されている。すなわち、「事件の終局類型を予測し、それに応じた効率的な訴訟運営を試みるという新しい視点からの『事件処理マニュアル』を提言している」のである（六、一六～二〇、二四～二五、四四～五一頁）。

第三節　東京簡易裁判所の実態調査

以上、少額訴訟手続の特則条文を手がかりに描いた規範的モデル、および調査当時の制度運用状況の概要を整理してきた。少額訴訟制度は、低額の生活紛争を簡易迅速に処理する手続構造が「少額訴訟に関する特則」で法定されており、社会にも普及定着しつつある。そこでの定着の仕方として、裁判所では、終局形態として多数を占めている和解および欠席判決に応じた合理的な運用が、形成されているのではなかろうか。こうした仮説的な理解を前提に、少額訴訟手続の現場ではどのような会話がおこなわれているのかを、次章以下で具体的に検討していく。すでに見てきたように少額訴訟手続にとってきわめて重要な、審理前の準備段階の観察はここではまったくなされていない。検討の対象となる会話はすべて法廷で交わされた審理過程に限定されるのである。審理過程の範囲ではあるが、本章での理解に即して少額訴訟の現場でのやりとりについて検討がおこなわれるだろう。そこで最後に、次章以下でとりあげる会話資料を蒐集するにあたって、筆者が実施してきた実態調査の手順について記しておこう。

本書の中心をなす次章からの分析は、東京簡易裁判所における、筆者の実態調査資料に基づいておこなわれている。調査は一九九九年三月から二〇〇〇年三月にかけて実施された。この期間、時期によって濃淡はあったが、筆者は毎週特定の曜日に法廷傍聴をつとめてきた。

傍聴選択の基準は、たとえば「事件類型」などいくとおりか考えられたが、筆者の念頭におかれたのは主に次の二点であった。第一に、空間的特質を重視する趣旨から、ラウンド・テーブル法廷を第一次基準とした。それに加えて第二に、紛争当事者相互の対話を考察する目的から、当事者双方の出席が分かりそうであれば出席した事例を観察するように努めたのである。ただし、双方当事者の出席を事前に確認できることは少なく、多くの当事者欠席事例にも遭遇することになった。

筆者は、傍聴した審理で交わされる当事者、裁判官、司法委員、裁判所書記官、関係傍聴者らのやりとりを速記録することによって資料の作成を試みた。和解に関しては、別室に移行した場合はもちろん、法廷でそのまま和解斡旋をおこなう場合でも裁判官および当事者の許可がなければ傍聴は不可能であった。ただし、関係者が快く傍聴を許可してくれた事例もあった。そうした事例については審理と同様に記録作成をおこなった。裁判所における記録作成方法としては、周知のとおり、映像および音声の記録は不可能であるため、メモ作成によるほかない。このきわめて制約された記録作成方法でどこまで正確な資料の蒐集が可能かが重要な問題となった。調査は最後まで試行錯誤による精錬を必要とした。

まず、メモの作成とそのメモの事後的整理に関しては主にR・エマーソンらの『方法としてのフィールドノート』で紹介されている方法を出発点とした。(26) そこでは、実態調査は結局は地道な作業によるほかないことに気づかされたのだが、それでも現場に出て記録作成をおこなっていくなかで細部での筆者なりの工夫の余地が見えてくる。たとえば、調査開始当初は、筆者一人で資料作成をおこなっていたが、より正確な記録のために補助者にも同行および記録作成を依頼し、その記録メモとの照合をおこなった事例もある。その際に記録項目別に役割分担を試みた。また、一定曜日に集中して傍聴を継続することによって、とりわけ同一裁判官の訴訟指揮や語り口の特徴に気づかされ、次第に記録作成の効率化がはかれるようになった。さらに、一面での記録作成の実効化を図るために、無視することになった「細部」も少なからずある。たとえば、会話のなかで、沈黙状態がときおりおとずれたが、その正確な時間は記録していない。

資料は法廷傍聴に基づいて作成された記録を中心とするが、可能である限りそれ以外の資料蒐集にも努めた。少額訴訟制度の案内のために配布されているパンフレットはもちろん、原告や被告に渡される制度説明文書は、少額訴訟制度についてより厚みをもったリアルな理解を可能にしてくれた。また、各事例の多角的な理解のためには、訴状や判決書などの書類、さらには当事者へのインタヴュが非常に有益であった。それらを補助資料として活用することで法廷での会話記録についての理解がすんだのではなかろうか。

こうして作成された資料は、もちろん「完全な記録」ではないし、記録資料によって精度に幅があることも事実である。また量的にも三二件とわずかである。さらに本書では三二件すべてを十分に活用しつくしてもいない。しかしながら、すくなくとも本研究でとりあげる資料の基礎となっている会話記録に関しては、分析にたえうるものであると考えている。

なお、いうまでもなく、第三章以下でとりあげる実態調査資料のあつかい方として、当事者および事件が特定されないような配慮が必要である。そこで、登場人物はすべて仮名にし、また訴額やその他事例分析に支障がないと考えられる範囲で変更をほどこしている箇所がある。

(26)　具体的なフィールドノート作成方法についてはR・エマーソン＝R・フレッツ＝L・ショウ（佐藤郁哉＝好井裕明＝山田富秋訳）『方法としてのフィールドノート　現地取材から物語作成まで』（新曜社、一九九八年）が非常に有益で、多くを教えられた。また、佐藤郁哉『フィールドワーク　書を持って街へ出よう』（新曜社、一九九二年）も参照。

第三章　審理冒頭の政治

第一節　はじめに

「今の段階ではこのままでお願いしますとしか言いようが……」少額訴訟手続の期日冒頭で裁判官からこの手続についての説明を受けたあとに通常移行への選択権を示されたある被告はこのように応答した。この事例は、スーパーの駐車場で発生した乗用車同士の接触による交通事故紛争で、原告は損害賠償として二〇万円程度の自動車修理代金を請求していた。法廷では、原告は任意保険会社の担当者を伴ってきているのに対し、被告は事故当時の同乗者の女性をつれだっていたが、ラウンド・テーブルについていたのは双方とも当事者本人のみであった。

周知のとおり、この事例に見られるように、少額訴訟手続は日常の軽微な生活紛争につき、当事者本人の手でコストをかけずに簡易迅速に処理する制度として設置された。ただし知識経験の少ない当事者が自分で進めていくことのできる手続である以上、少額訴訟においては、通常訴訟と同程度の慎重さでは審理をおこなうことはできない。すなわち、少額訴訟は通常訴訟に求められている手続保障のための仕組みをかなりの程度切り詰めていかざるをえないのである。したがって、原告、被告双方に対して少額訴訟手続を利用するか通常訴訟手続を利用するかの選択の機会が与えられている。そして、その最終段階が期日当日の冒頭である。

しかしながら、選択権の行使とはいうものの、「今の段階ではこのままでお願いしますとしか言いようが……」という先の被告の応答を見ると、その現実は必ずしも常に積極的になされているわけではなく、不安ではあるが進め（勧め）られるままいわば消極的に「選択」しているという場合があることが推察される。そして、このことは、原告によって少額訴訟手続が選択された事案の八割以上が被告の同意を得ているという実態報告(1)からは見えてこないより複雑な現実、すなわち少額訴訟手続を担う当事者本人の「主体性」理念の空洞化が、すでに最初の場面から生じている可能性があることを示唆しているようにも思われるのである。それでは、当事者への手続利用選択権の付与とはいいながらも、その行使が当事者の十分な納得を獲得しないままなされることがあるのはなぜなのか。さらに、当事者には、手続選択段階でこれ以上の主体性を発揮する余地はないのだろうか。本章においては、こうした関心から、少額訴訟の審理冒頭に実施されている、手続選択場面での当事者の主体性の実相について(2)検討することを目的とする。

（1）　たとえば東京簡易裁判所少額訴訟手続等研究委員会「制度導入後一年間の少額訴訟の事件と審理の概況」法曹時報第五一巻（一九九九年）第九号一〇―一一頁では、主に一九九八年一月一八日までに手続が終了した一、三二一件のうち、その終了事由が被告の通常手続への移行の申述によるものが一〇・二％にあたる一三五件であるとされる。なお、裁判所の通常手続への移行決定によるものが五・七％の七五件あることが指摘されている。

（2）　吉村徳重教授は一九九五年の九州大学における最終講義で、ご自身の研究関心は一貫して「国家制度としての訴訟手続において私人である当事者の主体的地位をいかに保障するか（その内容は平成六年度民訴ゼミ論文集『民事訴訟と当事者自治』に収録）」にあったと述べておられる。本章は、こうした吉村教授のご関心を、少額訴訟手続の審理冒頭の場面に対象を限定して筆者なりに敷衍したものである。

第二節　審理の起動

制度は、少額紛争の処理につき少額訴訟手続と通常訴訟手続とを併存させて、少額訴訟を利用するか否かの選択権を当事者に与えている。

まず第一次的に、原告は簡易裁判所に訴えを提起する際に、少額訴訟による審判を求めることができる（民訴法三六八条一項本文、二項）。他方、さらに被告は、原告が少額訴訟を選択した事件について、最初の口頭弁論期日において弁論をし、またはその期日が終了するまでは、通常訴訟に移行させる旨の申述をすることができる（民訴法三七三条一項、二項）。補完的に裁判所の職権による通常訴訟への移行という方法も残されているが（民訴法三七三条三項）、基本的には、少額訴訟手続の利用は双方当事者が一致して選択したときに限られる。[3] 当事者が、少額訴訟手続か通常訴訟手続かを選択することで審理は起動するのである。

ただし、この当事者の選択権はいつでも自由に行使できるというわけではない。原告の選択権行使については、訴えの提起までに制限されている。またとくに本章でとりあげる審理冒頭に与えられる被告の通常移行申述権は、最初の口頭弁論期日の開始のときまでに制限されており（民訴法三七三条一項）、いったん審理が始まった以上、もはや選択権行使の変更は認められていない。それは、「原告には通常移行の申立権を認めていないことを考慮し、形勢が悪くなってから被告のみこの申立を認めることは公平を欠くし、審理の途中で行使されるとそれまでの審理が無駄になったりする」[4] からであるとされる。すなわち、選択肢の中からどちらかの手続の利用を決断する一時点を境界として、手続選択段階と内容審理段階とが明確に峻別されるものと観念されているのである。[5] そして、手続選択段階では内容に立ち入ることはないし、内容審理段階では手続選択はできないことになっている。

制度上、当事者には、その前後を明確に区分する「決断」の一時点において、少額訴訟手続を選択するか否かにつき主体性を発現する機会が与えられている。当事者の主導権によって少額訴訟は起動する。こうして審理冒頭は、当事者に与えられた主体的な選択権行使の最後の場面となるのである。

（3）　上野正雄「手続利用選択権を当事者に与えたことと利用の是非」塩崎勤編金融・商事判例別冊『少額訴訟―理論と実務』（一九九九年）三四―三五頁参照。

（4）　今岡毅「通常訴訟手続への移行に関する問題点」塩崎勤編金融・商事判例別冊『少額訴訟―理論と実務』（一九九九年）五三頁。

（5）　この点につき、アメリカでの実態調査に基づき、裁判制度の外にまで視野を拡げて、少額裁判所と結びつけて弁護士の少額紛争への関与の意義を考察した棚瀬孝雄が提示している、「前審理段階（pretrial stage）」と「実質審理段階（trial stage）」という二段階での紛争処理の類型化が参考になる（棚瀬孝雄「少額裁判所へのアクセスと弁護士の役割（二・完）」民商法雑誌七六巻（一九七七年）二号一七三頁以下）。ところで、棚瀬によれば、書記官による事件の呼びあげ、欠席判決のアセスメントをおこなう前審理段階では、企業原告による片面代理で欠席判決で処理されるものが多く、実質審理段階では、個人の本人訴訟で処理されるものが多い。すなわち、取立事件群と本人訴訟事件群に対応する形で、それぞれの事件処理にとって適合的な紛争処理ルーティンが、少額訴訟手続きの中で具体的に分化、確立していることが指摘されているのである。このような緻密な類型化がわが国の少額訴訟でも進行しているのかどうかに関しては、分析に耐えうるだけの十分な資料もないため、不明であるが、わが国の少額訴訟制度の導入にあたっては、業者の債務取立機関にならないような回数制限の手当がなされており（民訴法三六八条一項、三項）、事情が異なるのではないかと推察される。

第三節　手続教示

少額訴訟の手続利用選択権が当事者に与えられているといっても、そもそもその当事者が選択に必要不可欠な知識をすでにもっているとは限らない。というよりも、少額訴訟は素人の当事者の利用を想定しているわけだから、(6) そうした知識を持ち合わせていない当事者が登場すると考えるべきだろう。そういう素人当事者が選択権を行使するにあたっては、選択肢についての十分な情報を提供されていることが必要条件になるはずである。そこで民訴規二二二条では、一項で、訴状副本や期日呼出状などと共に「被告はこの書類が送付されて初めて少額訴訟のことを知るのが通常であるから、原告に比べてややていねいな(7)」少額訴訟の手続内容説明書を送付することを規定しているのに加えて、二項で、審理期日の手続選択段階において、当事者に対して裁判所が手続教示を行なうことが、規定されている。原告に関しても、「受付相談の段階は主に相談者の紛争解決のための手続選択の段階(8)」であり、その際に受付担当書記官によって丁寧な手続教示が予定されている。(9) ここでは、審理冒頭に裁判官によって実施される手続教示の実際の様子を見てみよう。

【1】交通事故Ⅰ――①期日冒頭の手続教示

裁判官　あの、原告も被告もおいでいただいているようですので、ちょうど時間なので、始めることにしましょう。え～この事件は、新しい手続、少額訴訟事件ということで、なるべく一回の審理で紛争解決を目指してね。審理が一回ということで、この後時間とってあります。ですからお互いに……司法委員の先生も加わってもらって……両者にうかがいながら……で、まあ、佐藤さんの側、被告という立場になるんですね。

佐藤　はい。

裁判官　佐藤さんはこの事件を少額訴訟手続ではなくて、通常の民事訴訟手続によって審理することを申し出ることもできます。ただし、少額訴訟としての手続が開始されて、中身に入った後ですね、途中で通常訴訟のほうをお願いしますというようなことはできません、ね。それから少額訴訟は一回の期日で審理を終えることを原則としておりますので、証拠調べも原則として本日すぐ調べることのできる証拠に限っております。なお、当事者の方がこの法廷で述べられることは証拠になります。……それでは、本日の審理の手順段取りについて簡単に申し上げておきますが、最初に双方の主張、言い分がありまして、問題点がここにあるとした上でいろいろな証拠を調べる、と。それでまあ、状況によっては話し合いをして和解をしていきたい。それはまあ、状況次第ということですね。

裁判官は、警察から取り寄せた資料に基づいて内容確認へと入っていく。

資料【１】交通事故Ⅰ――①期日冒頭の手続教示は、ある交通事故紛争を扱った少額訴訟の期日冒頭である。手続教示で言及される事項は個々の裁判官によって多少の相違はあるが、少額訴訟手続の期日冒頭の光景としては、概ね標準的かつ典型的なものであると考えられる。裁判所は、この資料で言及されているような「一期日審理の原則」や「証拠の即時性」などの当事者にとって必要と考えられる少額訴訟の特徴（通常訴訟との相違点）について、当事者に分かる言葉で説明することが必要なのである。[10] その意味では、この資料に見られる手続教示は、当事者に対して「手続知識に関しての十分な説明」がなされている、ということができるだろう（二〜四、七〜一二行目）。被告については口頭弁論期日開始の時点におけるこの手続教示によって、また原告については訴え提起の時点のより丁寧な説明によって、手続無知の問題は解消されている、ということになる。当事者たちは少額訴訟についての十分な情報をふまえて主体的に手続選択ができるだろう。したがって、裁判官は、以後、無知を理由とする選択権行使の変更を受け入れる必要はない。そのような考え方を反映して、この事例でも「ただし、少額訴訟としての手続が開始されて、中身に入った後ですね、途中で通常訴訟のほうをお願いしますということはできません、ね（八〜一〇行目）」と、手続選択段階と内容審理段階との明確な峻別を、当事者に対して説明しているものと考えられるのである。

しかしながら、嚙み砕いた言葉で説明される少額訴訟の特徴は、手続知識としては十分かもしれないが、そうであるからといって選択に必要不可欠な知識とは必ずしもいえないのではなかろうか。観察によっても、たしかに多くの被告が期日冒頭に説明される少額訴訟手続にそのまま従っている。しかしながら、資料【1】に見られるような裁判官の手続教示は、当事者の紛争内容とはほとんど無関係に一律定型的でいわば「脱文脈的」な流儀でなされているため、[(11)] 知識経験の少ない当事者である以上、自分の抱えている紛争との関係で少額訴訟が不利なのかどうかをリアルに考えて評価を下すのは困難である、と推察されるのである。[(12)] 本章冒頭の「今の段階ではこのままでお願いしますとしか言いようが……」という被告の応答は、「今の段階では明確な判断はつかないが、今後の展開によっては判断が可能になる段階に到達するかもしれない」というニュアンスを言外に含んでいるようにも解釈しうるが、それは、審理冒頭における裁判官の「脱文脈的」な説明に盛り込まれた手続知識の、当事者の手続選択にとっての限界を傍証するものではなかろうか。したがって、被告に決断を促すにあたって「このままの状態でよろしいですね、何回も裁判所に足を運んでいただくよりその方が……」とか「通常で進めた場合、今日一日では終わらないんですよ」というように、相対的に少額訴訟の利点を示しながら、裁判官から少額訴訟手続を積極的に勧められ、牽引されることによって「選択」がなされている場面も観察されるのである。[(13)]

(6) ただし、近年、司法書士の少額訴訟への関与の重要性が浸透しつつあり、相談をふまえた書面作成などの司法書士の事前関与がありうること、その意味ではまったくの素人として少額訴訟に登場するのではない場合があることに留意が必要であろう。たとえば、本章で検討している手続教示への司法書士の関与については、酒井寿夫「書式モデルの活用」月刊司法書士三〇九号（一九九七年）四〇頁参照。

(7) 石崎實「少額訴訟手続」塚原朋一＝柳田幸三＝園尾隆司＝加藤新太郎編『新民事訴訟法の理論と実務（下）』（ぎょうせい、一九九七年）二七五頁。

(8) 上杉満「手続教示と事前準備の問題点」塩崎勤編金融商事判例別冊『少額訴訟―理論と実務』（一九九九年）三七頁。

(9) 最高裁判所事務総局民事局監修『少額訴訟手続関係資料―簡易裁判所判事協議会協議要録―』（法曹会、一九九八年）一七―二〇頁参照。

(10) この点につき、最高裁判所事務総局民事局監修・前掲『少額訴訟手続関係資料―簡易裁判所判事協議会協議要録―』三五―三六頁参照。

(11) 和田仁孝「モダン法思考の限界と法の再文脈化―法ディスコースとプラクティスをめぐって」井上達夫＝嶋津格＝松浦好治編『法の臨界〔I〕法的思考の再定位』（東京大学出版会、一九九九年）二七―五二頁は、広く普及浸透しているモダンの法思考は普遍性・一般性・客観性を志向する脱文脈的な特徴をもつものとし、そこに構成される世界観が凍結され物象化されることを厳しく批判する。法が援用される現場において、実際にそうしたモダンの思考が完結的に成立しているのかどうかについては筆者はもう少し検討の余地があると考えるが、本章でとりあげた事例では、少なくとも手続利用選択権の行使に必要な手続教示を脱文脈的な語り口でおこなっているといえよう。また、法のような専門的知識が知識そのものとして脱文脈的にではなく、行為の文脈のなかでこそ意義をもつことにつき、医療知識を対象として経験的に分析する渡辺千原「医療過誤訴訟と医学的知識―因果関係の専門性を手がかりに―」立命館法学二七一・二七二号（二〇〇一年）一七九二頁以下が参考になる。なお、大江洋「権利と関係性」立教法学五三号（一九九九年）はMartha Minowに依拠しつつ、権利のうちにこうした文脈ないし関係性の形成を組み込んだ「関係性への権利」論を展開しており、興味ぶかい。

(12)　たとえば、Austin Sarat, "'...The Law Is All Over': Power, Resistance and the Legal Consciousness of the Welfare Poor," *Yale Journal of Law & the Humanities* Vol. 2 (1990), pp. 343−379では、福祉受給者が、法律扶助事務所や福祉事務所において、なじみのない法に囲まれつつも欲求の貫徹をはかろうとする行動が報告されている。その中で、受給者が食べられない状況にあるという緊急性を弁護士に分かってもらおうとしても、弁護士はその問題を手続的瑕疵やルール違反の問題として、非人称的かつ抽象的な問題として語るという事例が紹介されている。弁護士の抽象的な法の語りは当事者の状況理解と完全に乖離してしまっており、当事者は満足を得られないのである（pp. 370−371）。

(13)　裁判官から発せられた前者の発言は、録音スタジオ経営者からタレント・マネージャーに対して提起された、タレントによるレコーディングのスタジオ使用料請求事件での、審理冒頭の手続教示に続くものである。また、裁判官による後者の発言は、乗用車同士の接触による交通事故の損害賠償請求事件での、審理冒頭の手続教示に続く発言である。

第四節　手続利用選択権の不行使

手続が進んでから再度手続選択を行なうことはできない。そうなると、「客観的には」十分な情報でも自分にとっては脱文脈的で有効性の低い手続説明に対して、仕方なく消極的に選択した少額訴訟手続に当事者は従わざるをえない。しかしまた、ときに当事者は、自分にとって納得できていないまま手続利用選択権を行使することをためらい、自分の立場を明確に分割してしまうこの境界の手前に踏み止まったまま、別の手をうってくることもある。そこで次に、こうした被告の紛争行動を、少し長くなるが資料【2】賃金Ⅰ―①「事実関係が明らかになれば」で検討しよう。

【2】賃金Ⅰ―①「事実関係が明らかになれば」

裁判官　読んでもらわないと困るんです。実はね、一番、裁判所として困るのはね、ハッキリいって今日みたいな状態なんですよ。というのはね、あなたのほうで今日いきなり出てこられるというのはね、そのことっていうのは非常に困った面が出てくるんですよ。ていうのはね、ここに全部書いてあるんだけども、事前にね、何か書面とか何か……

小松氏　字が書けないもんですから。小学校しか出てないんで、漢字もろくろく読めないんですよ。そういう事情もありまして、この日に行けばいいんだなと書いてあったんで……

裁判官　だけども、事前に書面を用意しておいてくれというようなことは書いてなかった？

小松氏　いや、だから、私、本当に読めないんですよ。

裁判官　誰かに読んでもらうというのは……

小松氏　いや、だからそういう信用できる人間がおればいいんですけど。

裁判官　まあ、いいや、それは。それでね、何も読んでないのであればね、ちょっと小松さんのためにご説明しますけどね、この裁判がどういう性格のものかという、で、特に何のために説明するかというとね、川畑さんのほうは少額訴訟ということで訴えを起こしたんだけれども、この少額訴訟でやっていいかそれとも普通の裁判でやるのかということについて原告の意向なんですよね。それで、あなた、小松さんのほうの意向は何も聞いてない。もし小松さんが少額訴訟じゃなくて、普通の裁判手続でやってくれということであれば、その意向を聞くわけですよ。何が違うかっていうとですね、端的に言うと、少額訴訟の場合はですね基本的に一回の期日でその事件を終わらせるというのが特色なの。だから何か準備するものがあったら持ってきてくださいというのはそういう意味なんですよ。で、今日一回で終わらせたい。で、まあ、この後の事件の展開がどうなるか分かりませんけれども、話し合いもうけますけれども、それで話し合いもできなければね、場合によっては判決も可能であると。もう一つ、かりにそういう事件について判決が出た場合、不服がある場合は普通の裁判は控訴という手続ができるんですね。それでその簡易裁判所の事件ですから、東京地方裁判所に控訴の申立てというのが普通の事件であればできるんです。少額訴訟というのは控訴の手続というのができない。じゃ、不服がある場合に何もできないかというとそうではない。同じ裁判所、東京簡易裁判所にもう一度不服ということで異議申立てができるんですね。他にも違いというのはあるんですけど、そういうことをふまえた上でね、原告のほうの川畑さんは少額手続を選択したわけですけども、小松さんのほうも、どうですか、この手続でやっていいか？

小松氏　事実関係が、私の社員が言っていることと、川畑さんが社員から聞いたコトバと……私はそれで直接話はできなかったんですけれど、かなり食い違っている点があるんですよ。内容的にも、もらった分の中に、一月に吉田さんですかね、吉田さんとお話しになったことはございませんか？［と川畑氏のほうへ直接話しかけ始める］

川畑氏　いちおう、ありますけれども……

小松氏　はい、その方が内容証明を送ったことはございませんか？

川畑がボソボソと話し出すが小声なため聞き取り不能

裁判官　ちょ、ちょっと待ってください。あのね、中身にもう入ったわけね。

小松氏　それが、事実関係がハッキリできれば、うちのほうは払うことができるのかできないのかということが分かる。といいますのは、それと私が今、原告として、あの園田商事の代表取締役を勝手に下ろされている可能性がありますから、それはもう川畑君がいたときから私は代表権がないかもしれない。

裁判官　その点もあるんだけどね、この園田商事とね、日本、日本クレオールというのの関係なんだけども……

その後、川畑氏が相手とする被告は誰なのかについて次のような状況をめぐって、少々長いやりとりがおこなわれる。川畑氏は、クレオール日本に雇われたのだが、小松氏との連絡が取れなかったため、連絡先を調べたところ、園田商事と住所が同一であることを知り、園田商事の住所宛に内容証明郵便を送ったということらしい。それに対して小松氏は、自分が園田商事の責任者として雇ったおぼえはなく、かりに園田商事の責任者であったということになると、そのことは別の「もっと大きなことになりかねない」状況があるから、それは認められないと繰り返し述べる。

裁判官　だけどね、その点は、どういう経緯があるのか分からないけれども、内容証明をうった経緯についてはね、やりとりについては誤解があったかもしれないけど、最終的に結論としてね、こちらもクレオール日本で雇った、こちらもクレオール日本が雇った、であなたが今クレオール日本の代表者、その点では一致しているわけでしょ。

小松氏　ただですね、私が店長に引継ぎの時に聞いたですね、この人が車をぶつけたという店長が言っているコトバと、そしてまたこの方が運転ができると言っていたわけですけども。そういう話があるもんですから、その確認ができないと。そしてぶつけた部分に関してはどういうとこで車をぶつけたかということが、いずれにしても、わたしは報告だけですから。まして、内容証明を送られてきた園田商事の代表取締役に、私の替わりに代表取締役になりすました人がいるのか。

裁判官　そういう話じゃないんでしょ？［と川畑氏に訊ねる］

川畑氏　はい。あったことはない。店長が話し合いがあって……

裁判官　いろいろとごちゃごちゃになってるんだけど、この事件を解決するためにね、どうしたらいいかということをまず考えてください。［小松氏「だから私は」というのをかまわず］それについてね、まずちょっと元に戻ってください。手続のことをこれ、少額訴訟でいいかどうかということを聞いてるんですよ。で、基本的にはね、今日一回の手続で終わらせるのが双方の希望であれば、少額訴訟の方がいいと思います。それからね、不服申立てとしてね控訴というものができなければ、できなくても異議申立てというのができるんであれば、それはそれでいいというのであれば、少額訴訟でよろしいと思うんだけれども、その点どうですかと、こう聞いている。

小松氏　私のほうでは、事実関係が違ってくれば、それは払いたくても払えない。

裁判官　だけどもね、考えてみてください。雇ったのはあなた（小松氏「はい」）であることは間違いない。ある程度働いたことは間違いない（小松氏「ただですね」）。ちょっと待ってください。この一三日間の間働いたことも間違いないでしょう？　ここに書いてあること自体はまず間違いないというふうにうかがってよろしいんですね。

この資料【2】は、小松氏が代表者である日本クレオールという風俗関係会社に雇われた川畑氏が、まだ支払われていない賃金約六万円の支払いを求めて起こした少額訴訟の冒頭の光景である。裁判官は、裁判所から事前に送付してある書類にさえも、「小学校しか出てないんで、漢字もろくろく読めない（五行目）」ため、目を通していない被告の小松氏に対して、少額訴訟手続についての丁寧な説明をおこなっている（一二～三一行目）。その中で裁判官は、被告小松氏の通常移行申述権に言及し（一六～一八行目）、小松氏が少額訴訟を選択するか否かを問うている（二九～三一行目）。ところが、それに対して小松氏は、どちらの手続を選択するかの態度を明らかにするのではなく、自身が被告として適切ではない疑いがあると述べている。そして、「適切な被告は誰なのか」という論題をめぐるやりとりのなかで、自分はより大きな責任問題に発展しかねないトラブルをかかえていることや川畑氏が自動車を破損させたことなどに言及しながら(五八〜六三行目)、対話の中身を拡張していっている。[14]

他方、当事者が裁判官の説明する制度趣旨の意味を理解しているか、あるいはそもそも理解する意欲があるのかは不明であるが、裁判官は審理の規範的秩序を維持しようとしている。まず、小松氏が「かなり食い違っている点(三三行目)」について川畑氏と直接対話をはじめようとするやいなや、「ちょ、ちょっと待ってください。あのね、中身にもう入ったわけね(三九行目)」と、小松氏が少額訴訟手続を選択したことの確認をとろうとしている。そして、小松氏が明確な態度表明を留保したまま対話をすすめても、ひととおり「最終的に結論としてね、こちらもクレオール日本で雇った、こちらもクレオール日本が雇った、であなたが今クレオール日本の代表者、その点では一致している(五五〜五七行目)」という理解が得られると、ふたたび「まずちょっと元に戻ってください。手続のことをこれ、少額訴訟でいいかどうかということを聞いてるんですよ。で、基本的にはね、今日一回の手続で終わらせるのが双方の希望であれば、少額訴訟のほうがいいと思います。それからね、不服申立てとしてね控訴というのができなければ、できなくても異議申立てというのができるんであれば、それはそれでいいというのであれば、少額訴訟でよろしいと思うんだけれども、その点どうですかと、こう聞いている（六八～七三行目）」と、少額訴訟の手続を説明して明確な選択を促しているのである。

それに対して、結局、いずれの時点においても、小松氏は裁判官が期待する選択の意思を明らかにしないまま対話を進めている。たとえば裁判官が当事者双方の認識が一致していることを確認しようとしているのにつづいて、「わたしが店長に引継ぎの時に聞いたですね、この人が車をぶつけたという店長が言っている言葉と、そしてまたこの方が運転できると言っていたわけですけども。そういう話があるもんですから、その確認ができないと。そしてぶつけた部分に関してはどういうところで車をぶつけたかということが、いずれにしても、わたしは報告だけですから。まして、内容証明を送られてきた園田商事の代表取締役に、わたしの替わりに代表取締役になりすました人がいるのか。（五八～六三行目）」と被告の小松氏は述べている。裁判官が多少とも関心を示した「当事者適格」に関する論題に（四四～四五行目）、紛争の具体的内容にかかわる自分の言い分を織り込みながら、裁判官との相互作用関係を形成することによって、小松氏は裁判官が想定している「手続選択か内容審理か」の二者択一の論理を巧妙にすりぬけていっている。そうすることで、小松氏は、裁判官からくりかえしせまられる「不可能な」主体的選択を回避し、「いまだ判断を下す好機ではない」というみずからにとって手頃な主体性を発揮する領域を開拓していっているかのようである。(15) こうして当事者は、選択権を行使せずに少額訴訟手続の入り口付近外側にありながら、明確に引かれたその法的な境界を超えて、審理の内部へ向かって自分に有利と思われる手を打ってでて、先々への見通しにかかわる相手

や裁判官の反応をうかがおうとするのである。(16)

(14)　さらにこの後の会話の中で小松氏は、店舗の大家が「何らかの公文書偽造」をしているらしくその調査をおこなっている旨、そして小松氏が現在同居している女性が信用できない旨述べている。いずれにしても、小松氏によって、審理において終始、複雑な人間関係のトラブルを現在抱えていることが語られるのである。

(15)　この点につき、従来の法学研究が法中心志向に傾斜していたことで実際の法の作用を捉えきれていないことを指摘し、むしろ日常生活においてはその他の多様な諸因子に力点をおいて個々の文脈の中で法を理解すべきと説く Austin Sarat & Thomas Kearns, "Beyond the Great Divide: Forms of Legal Scholarship and Everyday Life," in A. Sarat & T. Kearns (eds.), *Law in Everyday Life* (The University of Michigan Press, 1993), pp. 21−61 が有益である。それによれば、多様な社会的因子との相互作用を受けつつ、行為者が道具的な法援用を実践するそのただなかで、同時に視界構成的な枠づけがおこなわれる。法の分節する境界は実践の中で常時、形成および変容されているのである。さらに、とりわけ変容の場面では、Boaventura de Sousa Santos, "Three Metaphors for a New Conception of Law: The Frontier, the Baroque, and the South," *Law & Society Review* Vol. 29, (1995) pp. 569−584 が科学主義に基づく近代法の限界を見すえつつ提唱する新たな三つの法観念の一つである輪郭を暈した Baroque が示唆的である。

(16)　結局、この事例では、手続選択段階から内容審理段階への明確な切り替えがおこなわれないまま、内容審理へとなだれ込んでいくことになった。結果も、小松氏が、被告としてではなく利害関係人として、約五万円の支払義務があることを認める和解が成立し、支払もその場でなされた。

第五節　職権通常移行の活用

本章においてはここまで、期日冒頭に被告に付与される通常移行申述権とその前提となる裁判官による手続教示に対象を限定して論じてきた。しかしながら、期日冒頭には、もうひとつ通常移行の方法が残されている。それは裁判所の職権による通常訴訟への移行である。ところで、原告の固有の選択権の行使はすでに裁判所書記官から説明を受ける訴え提起の段階で終わっているが、原告は、審理期日にこの裁判所の職権移行を活用しながら、さきに見た被告の「選択権の不行使」に類似した活動を展開することがある。そこで、本節ではこの点を資料【3】過払い金Ⅰ―①「勘違い」で確認してみよう。

【3】過払い金Ⅰ―①「勘違い」

富岡氏　小さいものはあっち［地裁］に行けないということですね、ハイ。
裁判官　金額が少ない場合はという……管轄が決まってますからね。
富岡氏　ああ、分かりました。

裁判官　簡裁のなかでも少額訴訟手続と通常訴訟手続があるんですが、そのうちあなたのほうは少額訴訟手続を選んだ（富岡氏「ええ」）、そういうことになるでしょ。

富岡氏　その前提が今何回も言ったように……

裁判官　だから地方裁判所に行くことはありません。

富岡氏　じゃあ、あるやつはどういうやつがあるんですか。

裁判官　通常の訴訟手続。

富岡氏　それはやっていいわけですか、六〇、〇〇〇円くらいでも。

裁判官　それはもちろんいいです。

富岡氏　ああそうですか。といいますのはね、あの、何回もこちら（森氏）に手紙やら電話で言ってあるんですけどね、手紙でも戻ってこないし、電話はそのままになっているから、記録はテープで入っていると思うけど。裁判にするとですね、いろいろ費用もかかるから払ってくださいということ何回か出してあるわけですね。今となっては私は費用がかかってますので、裁判長さんがどういう判決を出されるか、判決をいただいてからですね、判決があるいは……なんて言うんですか……和解ですか、……そこがね、何回も言ってますけどね……もらえば結構ですが……裁判費用であれで、往復した費用が……

裁判官　あのね、手続を、通常の訴訟手続をとるのか、少額訴訟手続をとるのかという問題、そこの問題の話をしているんですよね（富岡氏「ああ、それで」）。それで、それで、あなたは勘違いをしておったというわけですか（富岡氏「そうです」）。今少額訴訟手続にきてますが、少額訴訟手続をとるつもりじゃなかったんだ、というわけですか。

富岡氏　いや、なかったとは言いません。アドヴァイスとしてですね、あの地裁……

裁判官　だから、さきほど私が説明したとおりなんです。そしてどうなんですか、あなた。あなたのほうではね（富岡氏「ちょっと、ちょっと」）、今からね、今から少額訴訟手続からね通常訴訟手続へ移してくれという権利はね、あなたのほうにはもうないんです。

富岡氏　ない、ないんだったら言うことはありません。

裁判官　ないですがね。

富岡氏　最初のところで躓いたんで、そんなもん……

裁判官　うん、間違ったんだという（富岡氏「ただね、裁判官」）。あのね、説明を聞いてください。あのね、森さんのほうはですね、さきほど聞いてきたように、少額訴訟手続か通常訴訟手続か今決めることができるんです（富岡氏「うんうん」）。さきほど聞いたように。あなたのほうは、決めてきたんですから、我々のほうで聞くこともない（富岡氏「うん」）。だけど私のほうの職権でこれを通常訴訟へ移すという権利はまだ残ってるんです（富岡氏「う〜ん」）。だから事情によっては通常訴訟へ移すということも考えられる（富岡氏「そうですね、分かります」）。あなたのほうには権利はないんだけれども、私のほうにはまだありますから、だからどんな事情で勘違いしたかということを聞いている。

富岡氏　一階の、一階のあそこの部屋ですね、受け付けてもらったときの話がそういうことなので。

裁判官　だからあなた気づかなかったんじゃないんですか。

富岡氏　いや、聞いた、聞いたんです何回も。

裁判官　あなたは地方裁判所のほうの手続を受けたいと思ってると。

富岡氏　思ってたんだけども、裁判手続として今簡裁という制度がある、少額訴訟という制度があるからね、それをね、やらなきゃならないんだっていわれたの。

裁判官　だから、あなた今ね、地方裁判所の審理を受けたいと思っているわけですか？

富岡氏　裁判所の判決によっては……

裁判官　そんなことは言いません。今から（富岡氏「聞いてくれ聞いてくれ」）今から審理が入るまえの話ですよ、今は。審理入るまえに決めてないとだめなんですよ。審理入ってからね、負けるからこっち、勝てるからこっちていうのは、そんなのはダメなんですよ。

富岡氏　審理を聞かせてください。ただね、こちらのほうでね、あなたのほうの判決は正しいっていうことだけのお答えではね、絵に描いた餅だから不満なんだっていうことは何回も言ったわけです。それはどうしても少額訴訟の手続を踏まないとならないんですよと言うから、そうですかと、それなら分かりましたということで……

裁判官　あのね、あなた勘違いしてるんだと思いますけどね。少額訴訟手続と通常訴訟手続との関係はね、必ず少額訴訟手続を通らなければいけないという手続じゃなく、少額訴訟手続か通常訴訟手続とはどちらかを選ぶことはできるんです。三〇〇、〇〇〇円以下の金額の場合はね。そういう裁判所の審理を受けたいと思ってるんですか。

富岡氏　こちら、目的がありますからね。

裁判官　いや、現在その気持ちがあるんですかと。

富岡氏　いや気持ちってのは、裁判所に聞いて、こういうことだということを聞いてもらってね、それだったら、やらなきゃならないねということになってくれれば、ありがたいと思ってるんですけどね。

裁判官　何を聞きたいんですか。

富岡氏　ただ、六〇、〇〇〇もらっただけじゃ不満なんですよ。費用がかかっているのと、条件付きで和解なら和解に応じると。

裁判官　内容についてはね、内容については私のほうでは判断しませんよ。この手続を選ぶかに関してはね、どの手続を選ぶかに関してはね、内容については私のほうでは言いません。手続を説明しているだけですからね。それを選んだあとで、それで内容に入っていく。内容を先に聞いてから手続を選ぶというわけにはいきません。

　この資料【3】は、被服小売店に販売委託していた被服製造業者の森氏に余分に六〇、〇〇〇円の支払いをしてしまったということで、被服小売店経営者の住吉氏が過払い分の返還を請求した少額訴訟事例の冒頭である。審理開始時、原告の被服小売店側は、経営者の兄の富岡氏が代理人として出席しており、被告は被服販売の委託をした森氏本人が出席していた。裁判官が被告の森氏に少額訴訟の手続教示をおこなうと森氏は少額訴訟で進めることに同意をする。ところが、それに続いて裁判官が原告の言い分は訴状のとおりであることを確認しようとしたのをきっかけに、原告代理人の富岡氏がこれまでにかかった費用をすべて回収できるような手続としては少額訴訟は不満であるかのような発言をはじめる。資料は、それに続く裁判官と原告代理人の富岡氏との相互作用場面である。

　裁判官の説明にあるように（二五～二七行目）、もはやこの段階にきて原告の選択権は消滅している。裁判官は、ただし、場合によっては、裁判官に残された職権による通常移行が可能なのだと述べ（三五～三九行目）、地方裁判所（通常訴訟手続のことか？）の審理を受けたいのかと訊ねる（四七行目）。

それに対して、富岡氏は「裁判所の判決の結果によっては（四八行目）」と答えている。その後のやりとりでより明確になるのだが、裁判官は内容審理とは明確に区分された「職権による手続選択」の可能性に言及しているにもかかわらず（四九～五一、六八～七一行目）、富岡氏は、過払い分だけでなくその他の費用分も含めて回収できることが大切なのだという趣旨の内容にかかわる発言をくりかえすのである（一二～一九、五二～五五、六六～六七行目）。たとえば「といいますのはね、あの、何回もこちら（森氏）に手紙やら電話で言ってあるんですけどね、手紙でも戻ってこないし、電話はそのままになっているから、記録はテープで入っていると思うけど。裁判にするとですね、いろいろ費用もかかるから払ってくださいということ何回か出してあるわけですね。今となっては私は費用がかかってますので、裁判長さんがどういう判決を出されるか、判決をいただいてからですね、判決があるいは……なんて言うんですか……和解ですか、……そこがね、何回も言ってますけどね……もらえば結構ですが……裁判費用であれで、往復した費用が……（一二～一九行目）」という富岡氏の発言からは、すでに紛争内容へ入り込んでいることがわかる。(17) ここには、一方で手続の理解そのものの問題もあるが、他方でその手続の意義を具体的な紛争処理の中で理解しようとする、当事者の姿勢がうかがえる。固有の選択権が消滅した原告にも、期日冒頭において、裁判官の職権移行に照準をあわせてこうした活動を積極的におこなっていくという現象が観察されうるのである。

(17)　この事例では、一五分ほど裁判官と原告代理人富岡氏との間で資料にあるようなやりとりが続いた後、原告住吉氏本人が法廷にあらわれ、裁判官が本人を確認した上で富岡氏の代理権を取り消した。住吉氏は、訴訟前の交渉から訴訟手続までずっと富岡氏がとりおこなってきたから、代理でやらせてほしいと繰り返すが、それは認められなかった。そして、住吉氏本人も代理人の富岡氏もテーブルにつかずに傍聴席にさがったままで審理は進められる。しかし、しばらくして、裁判官に促されて、住吉氏本人がテーブルにつき、最終的には原告住吉氏の請求にそった約五〇、〇〇〇円の和解で終了する。

第六節　審理の充実へ

以上、期日冒頭に予定されている手続教示をともなった通常移行申述権の限界を克服しようとする被告の「主体的」活動、そして簡単ではあるが裁判官の職権通常移行を介した原告の「主体的」活動を見てきた。(18) 知識経験の乏しい当事者にとって、少額訴訟手続の特徴に関する情報を独立に得ても、それが自分の紛争にとって使い勝手の良いものなのかどうかの判断は容易ではない。そこで当事者はときに、かかる判断を即座に下すのではなく、その選択権を保持したまま、禁じられているはずの内容に踏み込んで手応えを得ようとしたり、あるいはすでに行使してしまった選択権を内容面での手応えとともに奪回しようとしているのではなかろうか。ここで観察される当事者の「主体的」活動とは、もっぱらそうした当事者本位のものなのである。

ただし、そうであるとしても、制度的な「当事者による手続利用選択」の仕組みを前提とするかぎり、(19)少なからぬ当事者が必ずしも十分納得できないまま少額訴訟手続を「選択」してしまうことが予想される。そして、そこで解消されない手続への不安感はそのまま内容審理の場面へともちこされてくることになるだろう。したがって、当事者にとって審理を内実のあるものにすることがいっそう求められてくるのである。それでは審理は関与者によってどのように構成されていくのだろうか。この問題についてはまた章をあらためて考えてみよう。

(18)　原告に関しては、事前の訴状提出段階での裁判所窓口における手続教示が重要な意義を持ってくる。なぜならば、すでに第二章で見てきたように、原則的に原告は訴訟提起段階に手続教示を経て少額訴訟手続か通常訴訟手続かの選択をおこなうからである。したがって、より包括的に手続教示の状況を捉えるためには、本章でとりあげた審理冒頭での手続教示だけでなく裁判所窓口での裁判所書記官との相互行為もあわせて考察する必要があるだろう。この点で、田中孝明＝加藤彰「東京簡裁における受付相談センターの現状と問題点」月刊司法書士三四四号（二〇〇〇年）一五頁によれば、「多くの相談者は自己の主張の当否、どのようにすれば裁判で勝てるかに興味があり、その結論だけを求めたがる傾向にある。しかし、裁判所の受付相談は、相談者の紛争内容を聴取した上で、簡易裁判所の各種紛争解決手続の概要を説明し、相談者にどの解決手続の方法によるのかを選択してもらい、必要な添付書類、手続費用などの手続の説明をするにとどまり、それ以上の法律的判断内容に立ち入った相談には、裁判所の中立、公正という立場上、応じられない」とされている。このことから、相談窓口時点でも、本文で論じてきたような当事者が内容にふみこんで手応えをえようとする現象があらわれているのではないかと推測されるのである。

(19)　ところで、近年、弁護士会仲裁が全国各地に普及しつつある。そして、そのうち最初に生まれたのが第二東京弁護士会仲裁センター（以下二弁仲裁センター）である。少額紛争処理を想定したこの二弁仲裁センターもまた、少額訴訟手続と同様に、当事者双方の選択によって手続が開始されるものとして構想されていたのである（大川宏「仲裁センターと弁護士業務」宮川光治他編『変革の中の弁護士〔その理念と実践〕上』（有斐閣、一九九二年）三八九、三九四頁）。ところが、運用の実情をみると、仲裁合意書に署名捺印をした当事者でも後になって撤回したいという状況が多くでたため、事前に仲裁の合意を調達しないまま斡旋をすすめるなかで仲裁への信頼を形成し、同時に合意も形成していき、残った争点への判断を可能にしていくという実践をおこなっているとされる（弁護士会仲裁と法化社会（プレシンポジウム座談会）第一回、第二東京弁護士会編『弁護士会仲裁の現状と展望』（判例タイムズ社、一九九七年）八九頁の中村芳彦発言参照）。すなわち、すでに二弁仲裁センターにおいて、当事者は本章で見てきた脱文脈的な手続知識の限界という問題ときわめて類似した現象を経験していたのではないかと推察されるのである。それに対して柔軟な手続運用が可能な二弁仲裁センターは、申立段階では仲裁合意を棚上げしておくという方法で制度的に対処することができたのではなかろうか。他方、入り口段階の手続選択を比較的厳格に要求する少額訴訟手続では、当事者と裁判官との拮抗関係はより先鋭化する傾向にあり、その中で当事者は別の活路を見いださざるをえなかったのではなかろうか。

第四章　対話の活性化

第一節　口頭弁論の保障

素人当事者が自身の手で利用することを予定して新設された生活紛争処理制度、少額訴訟手続には、審理過程でも通常の訴訟手続に見られない特色がある[1]。それは、たとえば「一期日審理の原則」「主張と証拠の一体化」といった利用者感覚を尊重した手続的な工夫である[2]。素人利用者にとって、簡易な生活紛争であれば一期日で終わるのが生活感覚にあっているだろうし、主張と証拠というような手続法的な峻別やその意味は容易には理解できないだろう。すなわち、法的形式性を緩めた「手軽な」少額訴訟は利用者の便宜に配慮した手続と考えることができるのである。

少額訴訟手続は、通常訴訟に装備されている慎重な審判のための仕組みを簡略化している。簡略化することで利用者にとって「手軽な手続」を実現しているといえよう。けれども「手軽な手続」でも「裁判」といえるのだろうか。現行の少額訴訟手続の関連法規では、たとえば「証拠調べの制限（民訴法三七一条）」や「控訴の禁止（民訴法三七七条）」が規定されている。こうして「手軽さ」を実現するために手続保障を切り詰めていったとき、最後に何を残せばよいのか。これは、かつて新堂幸司が、裁判制度は市民のためにどのような手続を用意すべきかという観点から設定した問題でもある。そして、新堂自身は次のように述べている。「裁判官の面前で両当事者が自分の言い分を相互に存分に主張し合う機会を平等に与えられるということではないか。裁判が裁判といえる基本的な要素は、ここにあると思う。自分のいいたいことを—代理人の弁護士の口を通じてであれ—相手方のいるところで裁判官に聴いてもらうという過程は、紛争解決過程において、その解決結果を当事者が受け入れるために欠くことのできない基礎であり、裁判を市民に理解してもらい、そこに信頼をかちえていくための不可欠の過程と考えられる。そしてこの過程が確保されているかぎり、手続へのアクセスのため、その他の手続保障が切り捨てられるとしてもやはり裁判たる性質を維持するものと考えてよいのではなかろうか。[3]」すなわち、裁判にふさわしい手続保障の最低条件は「口頭弁論の保障」にあるとするのである。筆者も、新堂にならって裁判の条件を「口頭弁論の保障」に求めよう。そして簡略化されている少額訴訟手続もまた、口頭弁論の場で、裁判官を前に相手方と対話することは保障されているのである。

しかしながら、そこで保障されている口頭弁論の内実はどうなのだろうか。井上正三は、手続関与者による「自他の疎通」「自身の自省」という過程を重視し、それを実現する紛争処理手続に当事者が直接参加することを可能な限り尊重しようとする。[4]筆者は、「手続保障」というとき、井上のこのような手続構想にもっとも共感する。少額訴訟手続は、基本的に当事者本人が自身の言葉で対話を担っていく。したがって、少額訴訟こそ、当事者による「自他の疎通」「自身の自省」を達成する理想的な手続モデルのようにも思われる。それでは、少額訴訟手続において「自他の疎通」「自身の自省」という営為はどのように達成されるのだろうか。それは、きわめて慎重に熟慮しながら法的争点をめぐって議論がおこなわれる過程のようにも思われるが、そうなのだろうか。たしかに、当事者相互の議論を成立させるために裁判官は制御を試みる。それに牽引されて当事者の対話は始まるのである。けれども、当事者の生活感覚に基づく日常的実践のありようは、けっしてこの制御機構のうちに還元されつくすものではない。むしろ、日常的実践は、制御の観点からあらかじめプログラムされた構造が予定していないような多様性、不確定性、柔軟性をもっていると考えるべきではなかろうか。

本章では、「自他の疎通」「自身の自省」を達成するための当事者間の水平関係に重心をおいて、少額訴訟審理の制御構造を周縁化することでより明確に我々の視界に入ってくる、素人当事者の活きいきといた弁論活動の一端を示そうとするものである。

(1)　もちろんここでは、少額訴訟制度の特徴を網羅的にあげているわけではなく、本文との関係で必要と思われる特徴に言及しているにすぎない。その意味では広く近年の手続改革の潮流のなかで、①弁論と証拠調べの柔軟化②尋問調書の省略③判決の簡素化④集中審理の実施の四点が特徴的であり、

「少額訴訟の創設こそは、こうした特徴をすべて凝縮した『新法の目玉商品』である」という池田の指摘がその要点を伝えている（池田辰夫「少額訴訟の手続構造」青山善充＝伊藤眞『民事訴訟法の争点（第三版）』（有斐閣、一九九八年）三一〇頁参照）。

（2）　最高裁判所事務総局民事局監修『少額訴訟手続関係資料』（法曹会、一九九八年）三七―四三頁。

（3）　新堂幸司『民事訴訟制度の役割』（有斐閣、一九九三年、初出は一九八二年）引用は二八五頁。新堂は、手軽な手続でも裁判とよべる、すなわち「裁判を受ける権利」を侵害したことにならない理由として、次の二点を指摘している。まず、手続の簡略化によって、手続内手続保障は薄くなるが、裁判官による裁判へのアクセスを広範に確立することが可能になる。利用しやすくなった裁判へのアクセス確保によって「裁判を受ける権利」が保障されるのである。そのうえで、利用しやすくするために薄くしていった手続内手続保障の最後の一線として「口頭弁論の保障」をあげている。本論では「口頭弁論の保障」に限定して議論をすすめるが、「裁判へのアクセス」という観点も重要な指摘であることはいうまでもない。

（4）　井上正三「『争点整理ワークブック』に思う」井上正三＝高橋宏志＝井上治典編『対話型審理―「人間の顔」の見える民事裁判』（信山社、一九九六年）二三六―二三八頁参照。

第二節　解雇予告手当紛争の概要

本章では、解雇予告手当を請求する少額訴訟の具体的紛争事例をとりあげる。その概要は次のとおりである。(5)原告の竹沢氏（二〇代半ばの男性）は、この事件が発生する一ヶ月ほどまえの一九九九年四月の初旬から被告の住宅塗装会社に営業担当として働き始めた。ところが、五月も半ばになると、被告会社代表者の松田氏（四〇代後半と思われる男性）の一方的な意思により解雇された。かかる解雇は労働者竹沢氏が使用者松田氏から突然告げられたものであるため、竹沢氏は解雇予告手当を請求したのである。他方、被告会社の社長松田氏は、原告の意思で自主退社したのだと主張する。本少額訴訟の審理でも、原告は解雇予告手当として約二五〇、〇〇〇円を請求し、労働契約の終了が「解雇」だったのか「自主退社」だったのかが争点となった。

この紛争は少額訴訟として提起された。審理がおこなわれた法廷はラウンド・テーブルであった。手続に関与した紛争関係者は次のとおりである。原告、被告、被告がつれてきた証人（会社の女性事務員）、裁判官、司法委員、裁判所書記官、筆者。本訴訟は、通例のように、被告への裁判官による少額訴訟の手続教示および通常移行申述権を示唆することに始まる。被告も少額訴訟ですすめることに同意すると、裁判官は事件の大まかな内容（解雇予告手当事件）を訴訟資料をもとに確認したあと、双方の言い分を聞いていく。四〇分ほどの審理のあと、裁判官は被告と交互面接方式の和解を二〇分ほどおこない、最後に双方同席で和解の続きを少しおこなった。本章は、この審理の調査記録を基本資料とするが、それに続く和解は傍聴が許可されず、そこでのやりとりについて詳細は不明であった。和解勧試が終わると、裁判官は両者にその意思がないことを確認した上で弁論を終結させる。さて、本訴訟の結末であるが、判決によって終了する。判決は原告の言い分をすべて認めたものであった。その後、被告は弁護士をたてて異議申立てをおこなった。異議審は通常手続でおこなわれるのに加えて、弁護士が一方についたことで形式性が強まった。同一の法廷ではあったが、裁判官は交替していた。異議審は、証拠調べも含めて二回期日が設けられた。結果は、異議審も原告の勝訴で終了した。

なお、以下で検討する審理の基本資料は、【4】〜【7】まで実際の対話の流れにそって配列されている。

（5）　筆者が参与観察した事例群の中での本事例の「特殊性」と「一般性」について若干付言しておく。すでに第二章で見た終局区分状況を反映して、本事例のように双方出席で約一時間程度の口頭弁論を中心とした審理を経て「判決で」終了した事例というのは少数事例であった。もとより、この一つの事例をもって、本章で述べる「対話が活性化した活動形態」が、少額訴訟の審理の標準的一般的現象であると主張つもりはない。しかしながら、本章の基本的な問題関心に即して言えば、ラウンド・テーブルでの対席状況のもとでは、ここで紹介するような審理過程を経ており、そこで「紛争当事者の即興的実践」に共通する活動態様がしばしば観察されたのも事実である。

第三節　弁論の自律的活性化

まず、法的規律を解除した少額訴訟での対話の制御機構につき、棚瀬孝雄の弁論規範に関する理論を手がかりにみていこう(6)。棚瀬は、形式性が軽減された本人訴訟手続において、職権性と当事者性とを対立的に捉えるのではなく、裁判官の後見的関与が当事者の主体的弁論を側面から支えていく機能をはたすものとして構造化を試みている。それによれば、裁判官による潜在的弁論規範の抽出作業を媒介として、当事者の弁論が活性化するとされるのである。棚瀬は、当事者の弁論と裁判官の判断形成とを対応させる規範命題群としての「弁論規範」という概念を提示する。この弁論規範は、弁護士代理の場合には、主に法専門家間で共通了解が存在する実定法に依拠する。そして、当事者のどちらが何を主張立証すべきかも、そこから反射的に決まってくることになる。けれども、そうした了解が成立しない、その意味では弁論規範が確定的ではない本人訴訟では、裁判官の役割の重要性が指摘される。すなわち、当事者の弁論の背後にある潜在的な説明図式を整理・体系化して当事者に開示することで、相手方に反駁の用意を示唆し、また弁論規範に対する修正要求を受け入れやすくするという、積極的な関与が裁判官に期待されるのである(7)。そこでは、いわば、判断形成の観点から当事者間での議論の筋道をつけていくことが裁判官の主要な作業となるであろう。

少額訴訟は、本人訴訟を基本としており(8)、さらに「主張と証拠の一体化」したやりとりですすめられるものとされる。したがって、弁論規範の発想を、こうした少額訴訟での対話に適用して考えることができるように思われる。そこでまず、この点を資料【4】解雇予告手当I―①「一五日に解雇があったか」で具体的に見てみよう。

【4】解雇予告手当―①「一五日に解雇があったか」

裁判官　要するに五月一五日にどういうことがあったのかから始めたい。結論は？

竹沢氏　一五日の、営業のほうにいってたんですけれども、営業から帰ってくると「今日でおしまいだ」というふうに言われました。

裁判官　それはどうですか？

松田氏　今日で切り上げていいって言ったことは確かです。

裁判官　切り上げていいてのはどういうこと？

松田氏　前日に本人と話し合いをしておりまして、営業っていうのは売ってなんぼの仕事ですから、会社の利益に貢献してもらうということを前提に働いているわけですから。本人、責任をとらなきゃいけないと……

裁判官　責任をとらなきゃいけないと思っているって言ったの？

竹沢氏　言ってないんですよ。え〜いつも反省会みたいなのをやってまして、自分もとれないことを反省しているようなことは言いました。それで、そのときに言ったのは、一ヶ月の間に二件のノルマをたてて、目標を掲げるということ。責任感じてやめるというようなことは一切言ってないです。

松田氏　いいですか、反省会をやっているわけじゃなくて、営業の活動をしたことに対する助言、アドヴァイスです。反省会なんかやってないです。それで、前日に、本人に、一ヶ月たったけどぜんぜん見えてこないし、どうするのかと。それに対して、さきほど言ったように……

裁判官　いや、だって今、責任をとらなきゃいけないとは言ってないって……

松田氏　言ってます。間違いなく。

裁判官　それはちょうど二人だけなの？

竹沢氏　そのとき社長とふたり……

松田氏　事務員の人も聞いてるんですよ。

さらに松田氏は竹沢氏に向かってキツイ口調で

事務員もちゃんと聞いてるんだよ！

竹沢氏　その日は休みで……

松田氏　土曜日は確かに休みだったけど、話したその日に、前日に［というのを竹沢氏が遮るように］

竹沢氏　ちがう！　ちがいます。……一五日は……わかると思うんですけど……

以上は、審理において事件の具体的な内容に入る導入である。ここでは裁判官は、まず原告の竹沢氏の一五日の事実説明を求めた後、さらにそれに対する被告の松田氏の意見を求めるというふうに（一〜二〇行目）、一五日に解雇の事実があったのかどうかを双方の言い分を照らし合わせながら、明らかにしようとしている。そして、松田氏に「切り上げていいてのはどういうこと？（六行目）」と聞いたあと、竹沢氏に「責任をとらなきゃいけないと思っているって言ったの？（一〇行目）」というように、当事者の発言に現れた重要と思われる言葉の意味を訊ねる形で、当事者の間に発言の機会を割り振りながら、双方の言い分を抽出していっている。すなわち、どちらの当事者が何について発言すべきかという弁論規範を明らかにしながら議論を噛み合わせてその筋道をたてている、と理解できるのである。

しかも、ここで注目されるのは、裁判官が積極的に議論の筋道を設定すると、それから派生して、裁判官を介さない当事者双方のあいだでの直接対話に移行していくという現象が見て取れることである。原告の竹沢氏が「責任をとらなきゃいけない」という自主退社を含意する発言の有無を説明する場面で、当時、他に聞いていた第三者がいたのかどうかということをめぐって、双方直接のやりとりがなされている（二〇行目以下）。裁判官によって、当事者双方の間で発言の機会が公平に配分されながら対話の方向づけがなされると、さらに当事者の自発的な対話が活性化される場合があることが、確認されるのである。

(6)「私的自治の裁判モデル」を提示する棚瀬孝雄の理論には、少額訴訟制度を考察するにあたって、「総合判定型」の判断形成過程などあらためて検討すべき重要な理論的枠組みが弁論規範以外にもあることを付記しておかなければならない(棚瀬孝雄『本人訴訟の審理構造―私的自治の裁判モデル―』(弘文堂、一九八八年)二〇五―二一三頁。ただし、棚瀬理論が少額訴訟制度導入以前に争点整理と事実認定をある程度峻別した訴訟構造を構想していたのに対して、現行の少額訴訟手続では一層の「弁論と証拠の一体化」が実践されている。したがって、本章のように審理過程を通しての当事者の行動規律を見ていくにあたっては、さしあたり弁論規範概念だけでも問題ないように思われる。

(7) 棚瀬孝雄・前掲『本人訴訟の審理構造』(弘文堂、一九八八年)、七二―九九頁。

(8)『司法統計年報一民事・行政編平成一一年』(法曹会、二〇〇〇年)二七頁によれば、平成一一年の少額訴訟既済事件数八、四二七件のうち当事者双方とも本人が訴訟活動を遂行したのは七、九四三件であり、全体の九四・二%に該当する。

第四節　関係の論理の挿入

前記のように、当事者の弁論活動を活性させるための裁判官の主要な役割は、各当事者の言い分を相手方の観点からも熟慮および検討できるように、議論の筋道を示すことである。しかし、少額訴訟の審理が、必ずしもこうした裁判官の「弁論規範の顕在化」によって提示された「議論の筋道」にそってすすめられるわけではない。当事者は、常に裁判官の考えた方向づけに服するような「従順」な存在ではないのである。すなわち、裁判官が必ずしも必要とは考えていない事柄についても、当事者は重視しており、それを十分に主張しようとすることが予想される。

アメリカの少額裁判所を経験的に研究するConley & O'Barrによれば、法専門家は基本的にルール志向の演繹的思考をするものであるが、当事者には関係志向で帰納的思考をするものがいるとされている。すなわち、裁判官は、ルールに依拠して責任主体の帰責性を推論させるように証拠を配置する説明形式を好むのに対して、ある種の当事者は、自分が妥当と考える広範な社会関係にわたる事実を長々と述べて、あとは裁判所の推論にゆだねるとされるのである。(9) ただし、彼らは、とくに当事者の自由にまかされる長い語りのなかで、このような当事者固有の思考のあらわれを指摘しているが、日本の少額訴訟制度においては、かならずしもそうではないように思われる。そこで、次にこの点を、資料【5】解雇予告手当Ⅰ―②「社長の成績はどうだったのか」および資料【6】解雇予告手当Ⅰ―③「脱落していく営業担当者」のふたつの資料で検討してみよう。

【5】解雇予告手当Ⅰ―②「社長の成績はどうだったのか」

裁判官　結局、あなたは四月一五日に入ってから五日、辞めるまでのあいだに、契約とか何とか、営業成績はどうだったの？

竹沢氏　いえ、とれて……ません。

裁判官　一件もとれてない。

竹沢氏　はい……そのことに関しても、ちょっと聞きたいことがあったんで、書いてきたんですけども、できれば……一五日から始まって、辞めるまでの経過のことも、確かめていきたいと思って……

そう言いながら竹沢氏は紛争の事実経過をメモしてきたレポート用紙を広げる

裁判官　それなら早く出しなさいよ。今ここでみんなで読んでる時間はないわよ。大事なところだけ読みなさい。

そういわれた竹沢氏はどこをピックアップするか戸惑っている様子で、しばらく沈黙が続く。するとも松田氏が自分の提出した資料を指しながら、話しだす。

松田氏　あの……ここに書いてあることですけれども、こちらの裁判所に訴え出る前に、労働基準監督署に、本人が一回訴え出てるんですよ。それで受け入れられなかった。

裁判官　こちらは訴訟ですから、監督署のあれとはまた全然別ですもの。

竹沢氏　コピーしてきたものもありますので。

そう言いながら竹沢氏はメモのコピーを裁判官と松田氏に渡す

松田氏　こんなものしようがない。

裁判官　しようがなくない！　原告から出ているんだから。

司法委員　じゃあ、本件に関係のあることで言いたいことを。

竹沢氏　じゃあ、あの、一枚目の……ノルマについてなんですけれども、自分もやってたんですけれど……他の営業の方もとれないだろうということで、やめていく方もいらっしゃいまして、それで、あと、見積りの書き方を見せてやると言ってたんだけれども、一ヶ月間で一つだけだったんです。それで、社長の当時のとれた成績というのはどれくらいだったんですか？

裁判官　そんな余分なことまで聞くことはない。

【6】解雇予告手当Ⅰ―③「脱落していく営業担当者」

裁判官　それで、要するに、今度は、この一五日の解雇のことだな。……まあ、しかし、……営業成績が悪いからやめてほしいと思ったことも事実でしょう？　そうですね、やめざるをえないような報告に追いつめた……［苦笑］

松田氏　あの、数字を上げるのが営業の宿命ですから……

裁判官　もちろんです。

松田氏　給料払っていて、責任もあるわけですから。

裁判官　ただ、まあ、営業というのは一件とっていくらという、ね。

松田氏　あの、営業あるいは営業見習いが入ったら、私は、一週間、二週間は、ここはこうなんだと。ふつうならやらないと思うんだけれども、がんばってほしい。なんとかとってくるためにそれなりに指導する。しかしやってもですね、だいたい一ヶ月近くやってきますと、やる気が無くなる。社長に言われれば、言われましたことはまあ、と。しかし、やってもやっても成績が上がらない。そういうふうになってくると、今までやめてきたものはみんなそうなんですけれども、昼間は喫茶店でマンガでも読んでと。こういうことをやってますと、今度は……やっぱりがんばってもらわないと。

資料【5】では、自身の営業成績について裁判官が質問してきたのをきっかけに原告の竹沢氏は「そのことに関しても、ちょっと聞きたいことがあったんで（五行目）」と切り出し、用意してきた資料を裁判官と相手方に配布する。そして、「本件に関係のあること」として、他の営業担当者でも営業ノルマをこなすのは非常に困難だったが、当の社長自身は「当時のとれた成績というのはどれくらいだったんですか？（二四～二五行目）」と、訊ねる。裁判官にとっては、次の資料【6】によると、営業成績不振であるならば社長の松田氏が解雇の意思が生じるであろうと推認されうることを確認しようとしていたようであり（一～三行目）、竹沢氏の発言は「余分なこと」なのであるが、竹沢氏にとっては、社長は自分に厳しいことを言えるだけの資格があるのかを問う重要な関係的問題であるといえよう。

一方、資料【6】でも、解雇の意思の有無に向けられた裁判官の関心に対して、被告の松田氏が、自分の方では「がんばってもら」いたい（一四行目）と思っているけれども、営業担当者は一般に、成績も上がらずやる気を失ってやめていく、ということを述べている。松田氏は、自身の地位からこれまで関係を取り結んできた多くの営業担当者のあり様についての理解を主張している（八～一四行目）。その主張のなかには、これまでの多くの営業担当者が営業不振から怠惰になっていったのであるからそのことは今回の竹沢氏の行動にも妥当するという含意があると考えられるが、そうした論理の間には飛躍があるように思われるのである。

いずれの場合においても、当事者は、自分が背後に抱える物語に基づいた言い分を展開する機会をうかがっていて、間合いをつかむと積極的に比較的長い語りによって対話のなかにその言い分を盛り込もうとする姿勢が見て取れる。裁判官から自由に語るように誘発されるというよりも、当事者みずから積極的に語ろうとしている。ここで展開される物語は、当事者各々が社会生活の領域のなかで固有の視点から実践的に形成してきたものといえるだろう。そして、その物語は、少額訴訟の場に来るまでに反芻され精錬されてくるようである(10)。ただし、もちろん、その言い分は、自分の物語に基づくものであるかぎり、必ずしもルール志向の裁判官が提示しようとする筋道と合致しているわけではない。したがって、満足できるだけ十分に語り尽くすことができるか、あるいは裁判官の判断形成に影響をおよぼすことができるか、は当事者の意図どおりにいかないことも少なくないだろう。[11]

(9)　John Conley & William O'Barr, *Rules versus Relationships: The Ethnography of Legal Discourse* (The University of Chicago Press, 1990), pp. 36–78. なお、「出会い (encounter)」を分析単位に言葉を分析対象として、普通の人びとがアメリカ法システムとどのように関わるかを考察するこの Conley & O'Barr の議論は、本研究にとっても示唆に富む指摘が多い。たとえば本節では裁判官は一般にルール志向であるとしているが、彼らの議論はもう少し緻密であり、裁判官は五類型に整理できるとされる。それは、厳格な法信奉者、法創造者、権威的裁判官、調停者、手続重視である(ch. 5)。そしてそれぞれの類型によって、ルールか関係かの志向性も変わってくることが指摘されている。また、当事者の語り口についてはジェンダーや階層や人種との関連性が考察されているのである (ch. 4)。このような裁判官の役割類型論や社会的変数への考慮については、筆者も経験的に妥当する面があるのではないかという感覚をもっており、より立体的な理解を可能にするものとして興味ぶかい。ただし、裁判官の役割を固定的に把握し同定したり、ジェンダーや階層などの社会構造を語りの型に即座に連動させるような発想は、紛争処理過程の動態性に関心をむける本研究には妥当しない。

(10)　筆者が原告当事者の竹沢氏に審判終了後おこなったインタヴュのなかでは、紛争についての自分なりの物語が反芻されるなかで構成されていくことがうかがわれた。それによれば、この事件の後、竹沢氏は、文筆業アシスタントをしていたが、働いていた職場で今回の経緯について相談し、そこで訴訟をすすめられたという。そして、期日に臨むにあたって、その事件の経緯および相手方に対する質問（すべて本文にも見られるように法的には無意味とも思われるが、竹沢氏自身にとっては重要な質問であるが）をレポート用紙一〇枚にまとめてきていた。こうした作業を経るなかで、自分なりの事件概要を物語として整理していったようである。

(11)　裁判官の思考枠組に対して当事者が変更をせまっていく試みに関しては、利害が多層化していない継続関係とフォーラムとの相互形成を論じる Barbara Yngvesson, "Re-examining Continuing Relations and the Law," *Wisconsin Law Review*, 1985, pp. 623–646 が興味ぶかい。そこでは、利用者の反復的制度利用により、当事者間の関係再調整のための相互交渉のうちに制度をまきこみ、ある程度意図を実現していくことが指摘されている。ただし、Yngvesson の議論が、弛緩しているとはいってもコミュニティの生活紛争処理を対象としており、そこでは生活環境の改善のために紛争当事者が反復的に制度を利用する可能性が多いであろうと考えられるのに対して、わが国の少額訴訟に登場する当事者に同様のコミュニティ基盤にかかわる問題がどれほどあり、また類似の行動様式がみられるかどうかについては慎重な検討を要するであろう。

第五節　当事者の即興的実践

制度設営者の関心に立つと、少額訴訟の審理は、裁判官によって抽出された弁論規範に即した対話を本筋とするものと捉えることができるかもしれない。けれども、そのことから、そこから逸脱する当事者の語りを無意味なものということはできないし、実際に少額訴訟をあつかう裁判官も、こうした一見勝手とも思われるような当事者の語りを完全に抑え込んではいない。それでは、こうした当事者の「逸脱した語り」が対話のなかに織り込まれることによって、どのような効果が生じるのだろうか。最後に、資料【7】解雇予告手当Ⅰ―④「解雇の意味」を手がかりに、「本筋の語り」と「逸脱した語り」の絡み合いについて考えてみたい(12)。

【7】解雇予告手当Ⅰ―④「解雇の意味」

司法委員　感じ方の問題だから。
松田氏　かりにそうなら、がんばってほしいわけですよ。給料支払うわけですから。
司法委員　それは分かりますよ。だからね、そういう意味で言ったとしてもね、受ける方がまったく違う受け方をする場合もあるということ。受ける方は、あなたが言ったことを逆の意味でとるかもしれない。それは分からない。
松田氏　自分はやめますって言ってるんだから。
司法委員　本人はやめないって言っている。
松田氏　責任をとりますって。
裁判官　それも言ってないって言ってるの。帰ってきて今日でおしまいだっていうことを言われたんでしょ？

それに竹沢氏はうなずく。

松田氏　自分としては責任をとらなきゃならないと思うんだと。

裁判官　責任ってどういうことなの？

竹沢氏　責任っていう言葉を言ったことはないんですけども、今までとれてないということで、その日は……

松田氏　言ってるんだよ、オマエは。

竹沢氏　言葉は変わってると思うんですけれど。

松田氏　オマエは隠してるだけなんだよ。

竹沢氏　隠してないですよ。

松田氏　申し訳ないって言ったでしょ。

裁判官　申し訳ないってのはどういう意味なの？

竹沢氏　すみませんていうようなことは言ったかもしれませんが……

裁判官　いや、一五日に帰ってきたときに、今日でおしまいだと言われたんでしょ。

竹沢氏　一五日の話しは憶えてるんですよ。

裁判官　なんて言われたの？

竹沢氏　ここにも書いてあるんですけど……七枚目なんですけれども、申し訳ありませんていう……すみませんでしたと謝ったあと、社長のほうでこの状態には責任をとらねばならないというようなことを言ったと……たぶん、自分では、一ヶ月今から、新たな決意でって言ったと思いますけども、目標件数を二件たててがんばりますというふうに言って……

審理も後半に入って焦点がしぼれてきたこともあり、ここでも、裁判官の提示する筋道を指針に議論が進んでいることが確認されうる。しかも、この紛争の法的争点がかなり明確になっており、それをめぐるやりとりが見て取れるのである。すなわち、当事者間でなされた行為は「解雇」だったのかどうかに関連して、そもそも「解雇」や「自主退社」とはどのような事柄を指すのかが交渉され、更新されなおしているのである。松田氏は、まず「（竹沢氏が）自分でやめますって言ってる（六行目）」と主張したが、司法委員に「本人（竹沢氏）はやめないって言ってる（七行目）」と言われると、今度は「（竹沢氏が）責任をとりますって（八行目）」述べたと主張する。それをきっかけに、今度は裁判官が「責任ってどういうこと（一三行目）」なのかと問い、松田氏は「（竹沢氏が）やめますと言ったこと（二〇行目）」と言うのである。松田氏は、一連のやりとりにおいて、「やめますと言ったこと」から「責任をとると言ったこと」を経て「申し訳ないと言ったこと」へと言い分を移行させていくなかで、今回の出来事は「竹沢氏の自主退社」であると組織しようとしていると理解できる。なお、ここでもまた、「(竹沢氏が)責任をとると言った」かどうかということをめぐって、対話が松田氏と竹沢氏との直接的なやりとりへと推移していっていることが注目に値する(一四〜二〇行目)。活性弁論は、裁判官を介したものにとどまることなく、当事者同士の直接的な相互作用へと発展しうるのである。

さて、すでに【6】で見てきたように、松田氏は、営業担当者は一般に次第に脱落していくが、自分の心情としては「がんばってもらいたい」のだということを述べていた。この「(竹沢氏に)がんばってほしい」という言明はここでもなされている(二行目)。「がんばってほしい」のだけれども、竹沢氏はがんばっていなかった、ということを含意しているのであろう。この論題自体は、表向きは裁判官の判断とは関連が薄いように思われる。しかし、これに対して竹沢氏は反応を示している。松田氏のこの「がんばってほしい」という期待の言説に対して、「目標件数を二件たててがんばります(二九行目)」というふうに、ノルマを設定して「がんばる」用意があったと述べているのである。当事者は、対話の「本筋」からはずれる論題であっても、日常的感覚から反応してしまうことがあるのだろう。[13] そして、相手方の広範な物語のなかから自分の物語を補強する言説を取り出し、その場で組み替えながら援用することで、当事者は本筋の対話を粉飾し、司法委員や裁判所書記官、相手方、証人、傍聴者たちの同席するなかでその現場に自分に有利な雰囲気をつくりだそうとしかけていくことも可能なのである。(14) もちろん、それが裁判官の関心やひいては判断にクリーンヒットするかどうかはわからない。けれども、「自他の疎通」「自身の自省」を実現する紛争処理過程への当事者の直接の参加を可能な限り重視する筆者の基本的な立場からは、当事者たちによって、節度を保ちながらも、日常の作法の延長で活発な対話がおこなわれることにこそ意義を見いだしたい。通常訴訟の陳述書や民事調停での交互面接交渉でもルール志向とは程遠い関係志向の「逸脱した」語り口が共通して観察されるかもしれないが、他には見られない少額訴訟に固有の特徴は、相手との対席の場での直接の参加であるという点にあり、だからこそ「逸脱した語りをもその場で組み替えながら援用する即興的実践」の余地が生じるものと考えられるのである。

少額訴訟での対話は、当事者がよくよく考えてきた「物語」を基礎にしているが、それはその時その場の相互作用の中で、即興的な操作のモメントを伏在させているのである。弁論規範に導かれた活性弁論は、当事者に豊富な物語を開陳させる。この「ふくらみのある弁論」のなかから、当事者は即興的な言い分の組み替えの手がかりを探り出していくのではなかろうか。それが対話にさらに活力を与えるのである。

(12)　筆者は、本章のもとになった法社会学会報告（二〇〇〇年五月：大阪市立大学）において、樫村志郎教授より、この資料【７】解雇予告手当Ｉ—④「解雇の意味」の冒頭部分に法専門家（裁判官）の権力性が認められる旨のご教示をいただいた。素人当事者と法専門家の間でしばしば生じる権力と抵抗とが拮抗する動的現象に、筆者も強い関心をもっているが、残念ながら、本章ではその点を正面からとりあげて十分に検討することができていない。というのも、本章では当事者間の水平的関係により重心を置いた分析を行なうことを目的としているからである。また、それに関連して、和田仁孝教授から、棚瀬理論の弁論規範概念に、本章で述べているような「議論の筋道」の提示にとどまらない、支配と抵抗が拮抗する場となる一面もあるのではないか、という趣旨のご教示をいただいた。さらに、尾崎一郎助教授からは、ここで見られる当事者の語り口は、むしろ、裁判官に懇願するかのような「説得のテクニック」であって、本当の日常的実践とはむしろ「恫喝」といった方法なのではないか、とのご教示もいただいた。残念ながら本章の事例に即してこうした権力論を積極的に論じることはできないが、微細な権力と抵抗とのダイナミズムについては、第三章で場面を変えて論じてみた。

(13)　紛争当事者は関係を多層的に保持しながら社会生活をいとなんでいる。法廷の場においても、当事者は裁判官とは法的紛争処理に力点をおいた関係をもつことになるが、相手方当事者とは紛争の経緯においてより複雑な関係を形成してきている。ここで見られる現象は、裁判官がすぐそばにいるということが当事者の紛争行動に影響を及ぼしているであろうことは間違いないが、内奥に抱えた紛争総体から生じる当事者自身の関心は、裁判官を跳びこえて直接相手方へ向かう場合があるということではなかろうか。なお、法廷で産出された法の公式の意義が、法廷を出て当事者の生活場面にもちこまれたとき、意味のすり替えがおこなわれていることを示唆する興味ぶかい事例研究として、Patricia Ewick & Susan Silbey, "Conformity, Contestation, and Resistance: An Account of Legal Consciousness," *New England Law Review* Vol. 26 (1992), pp. 731–749 がある。ある黒人女性が自分の起こしていない交通事故の疑いをかけられ、訴追される。法廷では、家政婦として長年働いていた彼女の生活スタイルが、裁判所の作法とズレることで、自分に対して不利な結果をまねくことになる。罰則がかされるのである。しかし、彼女は、その罰則のひとつである community service につき、自分は以前同様の作業を教会でボランティアでやっていたからなんのことはない、と語るのである。罰則の負荷を生活世界からの意味づけで軽減しているのである。関係的な意味づけのなかで、法のその意義が相対化されることを示すものとして理解されよう。ただし、当事者の生活スタイルと裁判所のスタイルが重要な部分で終始完全にズレたままであるとすると、Ewick らの事例にみられるような当事者にとっては納得のいかない帰結をまねく危険も考慮すべきであろう。

(14)　この点、「人生は自分の計画どおりにはすすまない」という妻を亡くした男性のメモにはじまり、その不確定状況のなかで切り抜けていく人びとの即興的実践に着目する Renato Rosaldo, *Culture & Truth: the Remaking of Social Analysis* (Beacon Press, 1993) が示唆に富む。とくに ch. 4 および ch. 5 では、ロザルド自身が調査したフィリピンの Ilongot では不確定ななかでの即興的実践が賞賛されることが報告されている。また、人びとの行動の戦略を構築する習慣や技術などの一群を形成するものとして、文化を捉える Ann Swidler, "Culture in Action: Symbols and Strategies," *American Sociological Review* Vol. 51 (1986), pp. 273−286 も参照。

第六節　小括

以上より、少額訴訟における対話は、裁判官による「議論の筋道」への再帰的コントロールを必要とする一方で、表面的にはそこから逸脱するとも思われる発話を契機として当事者の弁論が活性化することがわかる。制度運営者の側には、それを実現させる「ゆとりある対話」のための環境整備が要請されてくるように思われる。当事者の即興的な対話の組み立ては、ラウンド・テーブル法廷で実践される。このことから、ラウンド・テーブル法廷のもとでの裁判官に主催される多くの少額訴訟手続は、当事者にとって、弁論を活性化させるのに有効な環境であるといえよう。しかし、法廷空間という点では、もう少し考慮すべき要素があるように思われる。それは、紛争当事者と何らかの利害関係をもち、ときに審理過程に積極的に関与する意志さらには可能性をもった人びとの存在である。紛争関係人の関与のあり方についてはまた章をあらためて検討することにしたい。

第五章　紛争関係人の自律的参加

第一節　紛争関係人の関与形態

法制度は、社会的紛争を法的に加工して、その枠内で処理をおこなう。したがって、もともとの社会的紛争において、そこに関わる人間関係がどのように複雑であっても、法的紛争へと変容した段階では、多様な紛争関係人の関与の仕方もある枠内でおこなわれることになる。

ところで、少額訴訟では、第三者である紛争関係人の審理への関与形態として主に次の二つが予定されていると考えられる。すなわち、在廷証人による「証人訊問」か、裁判の公開原則を利用した「法廷傍聴」である。その両者のうち制度的に積極的に一定の役割意義を付与されているのは、前者の証人訊問であろう。(1) しかしながら、筆者の限定された観察によれば、実際には双方が対峙したラウンド・テーブル法廷において在廷証人に対して訊問をおこなった事例は、きわめて変則的な事例がわずかしかなかった。(2) それに対して、制度的にはほとんど関心の対象外とされている後者の法廷傍聴者は、少なからず観察されたのである。

もちろん、従来、少額紛争の本人訴訟において、法廷傍聴の意義がまったく考慮されてこなかったというわけではない。たとえば、棚瀬孝雄は、以下のように少額本人訴訟では「より強い公開主義が必要とされる」と主張する。棚瀬によれば、裁判官の後見的関与が不可避の本人訴訟では、自己イメージを軸に審理秩序を組み立てることで欲求充足を図ろうとする裁判官のいきすぎに、その裁判官への感謝や尊敬を表わすといった当事者側からの「報酬操作」で制御をおこなっていくことが必要になる。この当事者の報酬操作をさらにバックアップしていく方法の一つが、審理空間を開放し、当事者が第三者の支持を現実に動員しうる態勢を確保することなのである。この第三者としては、少額裁判所アドヴァイザーやボランティアの「裁判を見る会」などが専門的オーディエンスとなるように期待されている。(3) また、和田仁孝の司法書士論にも以下のような含意がある。和田は、「専門情報」ニーズのみならず主体性回復を志向した「共感」ニーズを法専門家に期待する紛争当事者の複合的ニーズ理解をもとに、とりわけ少額事件においてそのニーズを充足させる第三者関与形態としての援助型関与を、司法書士の裁判業務に見いだしている。(4) そして、司法書士自身から、この援助型関与をうかがわせるような実践報告がなされており、その一環として法廷への同行が示唆されている。(5)

しかしながら、裁判官のいきすぎた審理秩序の形成を制御する目的で動員されるにしても、当事者の複合的ニーズを法廷の場でもサポートしていくにしても、こうした議論はともに、傍聴者の利害と当事者の利害とが一致していることを暗黙のうちに前提とした捉え方になっているのではなかろうか。また、とくに、筆者が観察した範囲では、専門家の傍聴者は一人もなく、[6]むしろ当事者の近親者や友人などであったようである。たしかにその場合でも、「当事者のための傍聴論」も広く妥当するものと考えられるが、このような社会的紛争の次元で関わっている人びとの関係性はもう少し複雑で、多面的なのではなかろうか。すなわち、一面で、紛争関係人の傍聴には当事者の訴訟活動を支援するねらいがあるものの、他面では、傍聴者にも固有の利害関心があり、それが当事者の利害とズレることもありうると予想されるのである。[7][8]

そこで本章では、傍聴者であっても紛争関係人には固有の利害関心があるという素朴な認識を前提に、紛争関係人が傍聴席からラウンド・テーブルの審理にかかわっていくという、より広く観察される場面に着目する。そして、そこでの傍聴者の参加が少額訴訟における紛争処理にとってどのような意味をもっているのかについて考察することを目的とする。

なお、本章では、筆者が傍聴観察した、一件の敷金返還をめぐる少額訴訟事件をとりあげて、その審理において展開された参加者間の対話過程の記録をもとに、検討していく。そこで、以下の本論の趣旨がより理解しやすくなるための背景的知識として、限られた情報に基づくものではあるが、紛争の概要を整理しておく。本件少額訴訟でとりあげている紛争は、マンションの賃貸借契約を平成一一年五月から一二月までの半年で終了した賃借人と賃貸人の間で生じた、敷金返還紛争である。賃借人の岩田氏は、契約を終えて退去するさいに、敷金として預けておいた家賃三ヶ月分の三一五、〇〇〇円のうち一四五、〇〇〇円しか返還を受けていないため、賃貸人の友枝氏に対して引かれた金額のうちの一六〇、〇〇〇円の返還を求めた。賃借人の岩田夫婦が出ていくにあたってリフォーム代金の一七〇、〇〇〇円に加えてカギ交換代金一〇、〇〇〇円がかかっているが、そのうちカギ交換代金は賃貸人友枝氏がわで負担して、リフォーム代金一七〇、〇〇〇円が岩田氏の負担とされた。岩田氏はむしろこのカギ交換代金しか負担しないとするのである。岩田氏にとっては、とくに不動産仲介をおこなっていた栗本商事が最初に見積書を送ってきた段階で不満があり疑問を述べたのに、それに対する応答もないまま、見積どおり引かれた額が返還されてきたという経緯に、納得がいかない。そこで、栗本商事から要求されたリフォーム代金の不合理性を示すために、別の業者によるリフォーム代金の見積を二通、証拠として提出した。他方、賃貸人の友枝氏も、礼金をとらない分、敷金からリフォーム代金を差し引くのが通例となっているのだとする。なお、法廷に共在していたのは、二〇代半ばくらいと思われる原告男性の岩田氏、五〇代くらいと思われる被告男性の友枝氏、裁判官に裁判所書記官に司法委員のほか、原告の妻、被告の妻と父親、それに筆者である。不動産仲介業者の栗本商事の関係者も裁判所には来ていたようであるが、法廷には入ってこなかった。審理はラウンド・テーブル法廷において約一時間程度おこなわれ、その後裁判官および司法委員の和解勧試にしたがって当事者たちは部屋を移動した。したがって、続いておこなわれた和解過程の詳細については残念ながら知ることができなかったのである。しかしながら、本章では、当事者間のやりとりを軸としたラウンド・テーブル法廷での相互作用と傍聴者の参加活動との動的関係のありようについて検討することを主要目的としており、その範囲では、以下の法廷でのやりとりの会話記録にも資料的価値を認めることができると考える。なお、訴訟の結末については、基本的に原告の要求にそって、被告が一五〇、〇〇〇円の敷金返還債務を支払う和解で終わったことが確認された。

（1）　証人訊問に関しては、たとえば最高裁判所事務総局民事局監修『少額訴訟手続関係資料―簡易裁判所判事協議会協議要録―』（法曹会、一九九八年）六三頁では、証人訊問における宣誓省略の運用についてふれている。また、東京簡易裁判所少額訴訟手続等研究委員会「制度導入後一年間の少額訴訟の事件と審理の概況」法曹時報第五一巻九号一四頁などでも取調べ人証の数があげられている。このことから、少額訴訟の運用の実態を知るにあたって、証人訊問は重要事項のひとつとして、実務家に意識されていることがわかる。ところで、そこでは「取調べ人証については、約三分の二の事件が証人も当事者本人も全く尋問をしていないことが、まず、注目される」とある一方で、「人証二人を取り調べた事件もかなりあり、三人以上を取り調べた事例も五％を上回っていることも注目される」ともされている。約三分の二というのは母数四六七件に対する二九四件であり、人証二人以上の取調べ件数は一三二件である。一定の人証の取調べがあることが含意されているのである。このことについては、少額訴訟手続は、必ずしもラウンド・テーブル法廷だけでなく、通常法廷においても実施されているが、対決的色彩が残存するこの通常法廷において証人訊問がおこなわれる場合が「人証二人以上の取調べ」事件にかなり含まれているのではなかろうか、と推察される。さらに、少額訴訟において予定されている証人訊問に関しては、たとえば即時性の要請との関連で、とくに「呼び出し証人の訊問」の問題が横田康祐「証拠調べの即時性に係る問題点」塩崎勤編『金融・商事判例別冊　少額訴訟──理論と実務──』（一九九九年）六〇頁に、「電話会議システムによる証人訊問」の問題が石田賢一「電話会議・ファクシミリの利用による証人訊問の問題点」同六三─六八頁に論じられている。いずれも重要な問題であることに異論はないが、一般の同行証人の証人訊問以上に利用頻度は低いのではなかろうか。

（2）　筆者が、証人訊問あるいは証人訊問らしきやりとりを観察した現場は次のふたつの事例である。一つは、ラウンド・テーブル法廷での「解雇予告手当紛争」をあつかう少額訴訟の異議審で、被告に弁護士がついて、周知のとおり簡易裁判所での通常手続（民訴法三七九条）で進められたものであった。したがって、少額訴訟固有の手続的特徴はあまりみられない手続運用になっていた。また、もう一つは、ラウンド・テーブル法廷での「敷金返還紛争」をあつかう少額訴訟ではあったが、被告の大家が欠席し、かわりに証人として不動産仲介業者が出席していたため、この業者が被告的立場から原告と実質的な対話をおこなっていた。したがって、証人訊問というよりはむしろ、権限のない和解の話が皆無だったことを除けば、実質的に当事者と同様の役割をはたしていたと考えられる。いずれの事例においても、「在廷証人の証人訊問」としては予定されているものとは違う変則的運用と思われる。

（3）　棚瀬孝雄『本人訴訟の審理構造─私的自治の裁判モデル──』（弘文堂、一九八八年）二三六─二七四、とくに二七〇─二七一頁。

（4）　和田仁孝『民事紛争交渉過程論』（信山社、一九九一年）第二章「第三者関与の構造」六一頁以下、

とくに司法書士に関して九二―一〇〇頁で経験的データに基づいて論じられている。

(5)　旧法下の議論ではあるが、村田君代「本人訴訟と民事訴訟法改正―司法書士の立場から」法律時報六六巻一号（一九九四年）八九頁では、司法書士を当事者の補佐人として位置づけ、「当事者本人を補助するものとして書面を作成した司法書士もその内容等について陳述すべき立場にあるのではないだろうか」として、裁判官のコントロールというよりはむしろ当事者の便宜のための司法書士の審理への参加を説いている。そして、この司法書士は、ラウンド・テーブル法廷に出廷する当事者に付き添った自分の経験にも言及している。

(6)　六本佳平『日本の法システム』（放送大学教育振興会、二〇〇〇年）一〇九頁では、「特定の分野において職業上の経験を持つ」「当事者との既存の社会関係を通じてはじめて得られる関与者であり、法的な立場からよりは当事者の側に立った、補助者としてさまざまな交渉テクニックを用いて関与する者」を「非法律家専門家」とよぶ。この「非法律家専門家」には自動車事故紛争における運送会社の事故係、借地借家紛争における不動産業者などがふくまれるとされる。少額訴訟において、こうした「非法律家専門家」の傍聴は一定数あるように思われる。本章でとりあげる事例でも、傍聴はしていなかったが、不動産仲介業者が被告について裁判所にきていたようである。本文で述べている専門家としては、典型的には司法書士や弁護士が念頭におかれている。なお、六本佳平『民事紛争の法的解決』（岩波書店、一九七一年）も参照。

(7)　六本・前掲『日本の法システム』五六―五九頁では、紛争の現実過程を捉えるには、二当事者だけの相互行為に着目するのでは不十分であるとして、とくに「当事者以外の第三者の存在という要素」を補う必要性を説く。そして、紛争当事者の求めに応じて援助活動をおこなう第三者の動機として、利害関心と当為関心とがありうることを指摘する。利害関心については「そのような援助は、それまでに当事者との間で形成されてきた関係によることが多いであろう。当事者と立場や考え方を同じくしているからかもしれないし、単に情誼によるのかもしれない。また、関与者の勢力拡大など、自分の利害関心が働くこともあるであろう（五八頁）」と述べ、当為関心については「援助を求められた第三者は、自分自身の価値観に照らして、その当事者の立場を規範的に評価するであろう」と述べる。そのような第三者も、紛争過程に身をおくことで、当事者とのズレを感じて自らの口で語ろうとすることが考えられる。

（8）なお、司法書士などの法専門家との間でも、当事者の利害との不一致が生じる一面があるのではないか、と推察される。もちろん、司法書士の裁判事務に関しては書類作成が中心であるため、当事者を包括代理する弁護士に比較して対立緊張の頻度や程度は高くはないとも考えられるが、当事者の利益と当事者を支援する法専門家の利益を安易に同視すべきではないだろう。

第二節　対話関係の拡張

ラウンド・テーブル法廷での少額訴訟の審理に、ときには固有の利害をもつ傍聴者がかかわっていくことが現実にある。そして、それが意義をもつ場合もあるだろう。本章はそうした現象を重視するのである。では、どのような意味で、傍聴する紛争関係人が、まったく排除されるのではなく、ときに審理に参加することが必要になってくると言えるのか。最初に、ラウンド・テーブル法廷において、傍聴席にいる紛争関係人の少額訴訟審理への働きかけを認めていく理論的視角を構成していく。周知のとおり、少額訴訟手続は日常的に法に接することのない人びと自身の手による紛争処理を想定して設置された制度である。そこで、まず、そういう人びとがどのようにして葛藤を乗り越えていこうとするのかを論じた西田英一の見解を手がかりとして、考察をすすめていきたい。

西田は、職場で納得のいかない待遇をうけた職業女性が葛藤を乗り越えようとする実践を、豊富なインタヴュ資料に基づいて分析する。(9) それによれば、葛藤の乗り越えを図る人びとに顕著に観察されるのは、話を先に進めていく「ちゃんとした話し合い」を求めてあちこちへ出向く姿勢である。そして、「話し合い」を展開させていく語り口は四つの類型に分類可能であるが、(10) 話を先に進めていくという意味でもっとも効果的なのは、他でもない「この私」の「今の状況」がどうなのかを語る語り口、すなわち経験話法なのである。人びとはこの自らの経験をストーリーで語ろうとする経験話法を軸として話し合いをすすめる。そして、自分の声によって相手の声が抽き出され、その相手の声がまた次の自分の声を抽き出していくという同期的コミュニケーションを展開するとされる。西田は、葛藤を乗り越えようとして話を先に進めていこうとする当事者のこの試みを「声による探索活動」とよぶ。葛藤を乗り越えようとしている紛争当事者は、相手との対面機会の下で「声による探索活動」を実践していくことが必要なのである。

さて、これまでラウンド・テーブル法廷は、素人当事者にとって日常的言語で比較的自由に話しやすい雰囲気を持っている場であるとされてきたが、[11] 実際のあらわれかたとして、西田のいう経験話法の語り口が見られるのだろうか。審理の半ばごろのやりとりではあるが、この点がより明瞭にあらわれている場面を、資料【8】敷金返還Ⅰ―①「電話一本でもあればまた違うんでしょうけど」で確認してみよう。

【8】敷金返還Ⅰ―①「電話一本でもあればまた違うんでしょうけど」

司法委員　う〜ん……特約があるから写真を撮らないでやったんでしょう。立ち会ってくれっていっても立ち会わなかったんでしょうね。……これ、あの、敷金の償却の話しは？

友枝氏　はい、あの、なんていうんですか。不動産屋さんのほうの……

司法委員　あったかなかった聞いてんの。……敷金からね、いくら引きますよっていう話しは。

友枝氏　そういうのはあると思います、ありますよ。

裁判官　あったの？　契約書には出てない。

司法委員　契約書を見る限りではよく分からないですね。

ちょっと間をおいて。

裁判官　それ……で、ここのところハッキリと……

司法委員　……更新料は入ってないんですね。

裁判官　……契約書にはない。

司法委員　岩田さんはお話は聞いていないですか？

岩田氏　聞いてないです、はい。最初に請求書が来ますよね。で、内容がおかしいんじゃないかということで、それで追ってまた連絡するということで、また二つ目の封書が来たんですよ。それで、そのときにはもう精算されていた。……こう、最初のときに、まず栗本商事さんのほうに連絡して、おかしいんじゃないかと言ってるのに、二通目が来たときにはもう計算されていたんですよ。

司法委員　あなたのおっしゃる「おかしい」って何がおかしいの。

岩田氏　内容が、どうも栗本商事さんのほうで納得がいかない……

司法委員　「おかしいよ」っていうのは？

岩田氏　ええ、納得がいかないと言ってるにもかかわらず、二通目でまた来たときに、もう計算されていたっていう……

司法委員　それはここに書いてあるね。

岩田氏　まあ、電話一本でもあればまた違うんでしょうけど。何もないもんですから。

会話は、司法委員が契約時に敷金償却について特約になるような具体的な話し合いがあったのかどうかを訊ねる質問をしたのに対して、被告友枝氏の返答につづいて原告岩田氏が応接している場面である。司法委員および裁判官の関心は、契約に「特約」としてどのようなものが盛り込まれているのか、にある。(12)しかしながら、岩田氏は、その質問に適切に答えるのではなく、敷金の残りが自分のもとに返還されてきた経緯を説明している。自分が「おかしい」と感じるのは、最初に送付されてきた請求書に対する疑問を述べたのに、栗本商事からはそれへの返答の電話の一本もないまま請求書どおり精算された振込があった、という他ならぬ具体的な経過があったのだということを述べるのである(一三〜一七、二一〜二三、二四段目)。ここには、葛藤の乗り越えを模索する当事者の経験話法が見て取れるといえよう。

これまで、ともするとラウンド・テーブル法廷は非公開であることと結合して、素人当事者が日常の言葉で比較的自由に発言する雰囲気をもった場であるとされていたが、(13)上記の資料に関するかぎり、この指摘はさしあたり「非公開であること」をはずしても妥当すると考えられる。そして、その自由な発言には経験話法の語り口が見られる。もちろん、主張と証拠が渾然一体となった対話によって進められるため、形式性の程度が低下し、当事者にとって経験話法を発揮しやすい手続形態になっているという、まさに少額訴訟に固有の一面もあるだろう。いずれにしても、ここでは公開のラウンド・テーブル法廷の少額訴訟においても当事者の経験話法が観察されることを確認しておこう。

さて、公開のラウンド・テーブル法廷には、テーブルを囲んでのやりとりを傍聴者が柵の外から傍聴している場合がままある。ここで取り上げている事例でも、賃借人であった原告の妻、賃貸人であった被告の妻および父親が傍聴していた。法的には原告および被告が同定されてテーブルのしかるべき席に着くが、傍聴席にいる妻や父親といった近親者もこうした当事者にきわめて近い利害関係にあるものと考えられる。その人びとは傍聴席から、テーブルについている自分側の当事者を応援しながら見守っているのである。しかし、彼あるいは彼女たちが、限りなく当事者に近い近親者などである場合、その人たちもまた同様に、それぞれが他ならぬ「この私」として「この敷金返還紛争」という葛藤のなかにあり、それを乗り越えようとしているのではなかろうか。そうであるとすると、テーブルに着いている当事者たちの声はテーブルの斜向かいに座る相手の声を誘いだすのみならず、法廷の傍聴席に居合わせた者の声さえも抽き出すように作用することがあるものと予想される。傍聴者もまた、「声による探索活動」を実践することで葛藤を乗り越えようとしている「紛争当事者」であると考えられるのである。

比較的自由な雰囲気で発言ができるラウンド・テーブル法廷では、当事者が経験話法の語り口で働きかけることもあり、そのことから当事者の自然な「葛藤の乗り越え」が試みられている一面が推測される。この「葛藤の乗り越え」の実践は、話を先に進めていくことを志向する「声による探索活動」である。しかし法廷内に、当事者と近い立場で紛争に関係している傍聴者がいる場合、話を進めていこうとするこの「声による探索活動」の連鎖は、テーブルを囲む参加者にとどまらず傍聴者までも巻き込んでいくのではなかろうか。自身の「葛藤の乗り越え」を図ろうとするとき、そこに傍聴者の自律的参加の契機が生じるのである。したがって、当事者の日常的な「葛藤の乗り越え」の発話を許容する公開のラウンド・テーブル法廷には、つねに傍聴者の審理への参加の可能性が潜在しているといえるのではなかろうか。

（９）　西田英一「葛藤乗り越え過程における〝人びとのやり方〟─その語り口分析から─」甲南法学第三八巻一・二合併号（一九九七年）二五─五八頁。また、同「探索活動としての紛争過程─なぜ当事者同士の話し合いが必要なのか」井上治典＝佐藤彰一編『現代調停の技法─司法の未来』（判例タイムズ社、一九九九年）三一八─三二七頁も参照。

（10）　西田・前掲「葛藤乗り越え過程における〝人びとのやり方〟─その語り口分析から─」四〇─四五頁では、ワーチの枠組をもとに「〝慣用句〟話法」「〝経験〟話法」「〝例示〟話法」「〝造語〟話法」の四つの類型で、人びとの語り口を整理しており、興味ぶかい。それによれば「〝慣用句〟話法」は「『形式的、論理的、数量化可能なカテゴリー』で出来事や対象を表象する話法（四一頁）」で「ひとまず聞かれるべき何かが語られているらしいとの注意を換気する力はある（四二頁）」もの、「〝例示〟話法」は「文脈化された他者の声を取り込み他者の声をして語らしめる（四五頁）」もの、「〝造語〟話法」は「個人的・体験的な事柄をそのコンテクストから離れて一つのタームにして語る」「〝経験〟話法から〝慣用句〟話法への発展途上形態（四五頁）」とされている。

（11）　旧法下において、「わかりやすく、利用しやすい」という観点から「新しい簡易裁判所のイメージ」を示そうと試みたのは、上原裕之「国民が利用しやすい民事裁判の実現のために」『伊東乾教授古希記念論集　民事訴訟の理論と実践』（慶応通信、一九九二年）一一一―一二四頁。その一二〇頁において、上原は「ラウンドテーブル方式というのは、当事者が自由に発言できる形式で、弁論期日を進行するという意味であるが、そこでは主張と証拠の区別をなくし、訴訟法上の細かな約束ごとにはこだわらない運営をするのである」という方策案を述べている。

(12)　清水恭一「敷金返還請求事件における問題点」塩崎編『金融・商事判例少額訴訟―理論と実務―』（一九九九年）一〇三―一〇八頁によれば、敷金返還請求事件は少額訴訟においてもっとも多く見られる紛争類型で、その審理では現状回復費用に関する特約が問題になることが指摘されている。ここでも司法委員が特約に関して質問を発しているが、それは典型的な状況であることが推察される。

(13)　菅原郁夫『民事裁判心理学序説』（信山社、一九九八年、初出は一九九三年）第二章「紛争解決と手続環境」では、旧法下での非公開かつラウンド・テーブルでおこなわれていた弁論兼和解をとりあげて、心理学的視点から、素人当事者のこのような効用を指摘している。

第三節　傍聴者の自律的参加

ラウンド・テーブルを囲むサークル内では、当事者は自分の紛争経験に基づいた経験話法を展開する余地がある。したがって、あいだに裁判官を介しながらも、対話は活発になりやすいと考えられる。けれども、傍聴席はテーブルを囲むサークルとは柵によって隔てられており、通常は顧みられることもほとんどない。「声による探索活動」を実践しようとする傍聴者には、制度上発言の機会は与えられていないのである。しかし、それにもかかわらず、傍聴者のなかには誘いだされて発言をおこなうものもある。では、その人びとはどのように発言をおこなっているのだろうか。

そこで次に、誘いだされ、同期的な「声による探索活動」に加わろうとする傍聴者が、テーブルを囲む対話のなかにどのようにして声をすべりこませていくかを、資料【９】敷金返還Ⅰ—②「違います」の具体的な場面をもとに見てみる。

【９】敷金返還Ⅰ—②「違います」

裁判官　（前略）……それ［文書］によると、計算式で、三一五、〇〇〇円が敷金で、一八〇、〇〇〇円、これが現状回復費用にかかってくるということだ。これが問題なんだ。で、一〇、〇〇〇円ていう、これは借主が負担していいということで、これはカギ代かなんかのことなの？

岩田氏　そう……ですね。

そういう岩田氏を遮るようにして

妻　違います。

裁判官　ちょっと待ってください。あなたはどなたですか？

妻　妻です。私が……

と言いかけたのを今度は裁判官が遮るようにして

裁判官　ちょっと、発言……いいというまで待ってください。当事者じゃないんでね、一応。実質的にはまあ、同じことなんだけども。それじゃあ、カギ代じゃあないの？　ちょっと話して。どうぞ。

妻　え〜と、私が電話を受けて、どういうことですかっていう電話をかけたんですよ。そしたら、係のものがいないんで、電話をかけますということで、後日電話がかかってきたんですよ。それで、そのときに、それで、そのとき……

裁判官　要するに、その一〇、〇〇〇円だけは貸主のほう、友枝さんがもつということだったんですか。

妻　ええ、二点、あの……

裁判官　それはどういう根拠で出てきたの、一〇、〇〇〇円？

妻　それが、説明もなく、説明もないまま、勝手に……

裁判官　だから、その……現状回復でかかった一八〇、〇〇〇円、これからひくということなんでしょう？

妻　だから、ぜんぜん何も言ってないんです。

25　裁判官　まあ、そこらで、まあ要するによく分からないんだ、なんの支出か。
妻　んと、だから……
裁判官　はい、じゃ、もうやめてください。こちらがあくまでも当事者ですから……で、結局、これを計算して一四五、〇〇〇円ということなんでしょ。

そういわれて岩田氏がうなずく。

この資料【9】は、審理が始まって早々の場面である。裁判官が訴状と添付資料をもとに請求金額のうちわけを原告の岩田氏に確認している途中、一〇、〇〇〇円となっている金額部分について説明を求めている。それに対して、「そう……ですね」と小声で曖昧な応答をする岩田氏に割ってはいるように、「違います」と傍聴席からひとりの女性が口をはさんだのである。彼女は裁判官に訊ねられ、自分は岩田氏の妻であると述べる。

裁判官が応答を求めた事項は、借主が負担してもよいとされている一〇、〇〇〇円というのは何にかかった金額なのか、ということである。テーブルについている岩田氏が自信なさげに「そう……ですね」と答えたのに対して、「違います」として利害認識のズレを表出した岩田氏の妻は、その後、この金額が何の額を指すのかについては言及しないまま、話しを進めていく。彼女がここで展開しようとしているのは、部屋を出てから不動産仲介業者の栗本商事と敷金返還についてどのようなやりととりをおこなってきたのかという背景事情ともいうべきことがらなのである（一四〜一六行目）。裁判官と原告の妻とのここでのやりとりは、前者がもっぱら一〇、〇〇〇円がカギ代のことなのかに、後者がもっぱらどのように敷金返還がおこなわれたのかに、それぞれ異なる話題に関心を向け相互にはズレたまま、裁判官の「じゃ、もうやめてください」によって終了させられる（一四〜二七行目）。

さて、ここで検討すべきは、対話関係が当然に保障されているわけではない紛争関係人、岩田氏の妻が傍聴席からどのようにして対話関係に入り込んでいったのか、である。妻はテーブルで話題になっている一〇、〇〇〇円がカギ代かどうかについて直接意見を述べ、対話へ参入してきた。しかし、それは「ちょっと待ってください。あなたはどなたですか？（八行目）」と、裁判官によって一度停止され、当事者たちとの関係を質される。自分が原告岩田氏の妻であることを述べると、裁判官は、「当事者じゃないんでね、一応（一一行目）」許可を出すまで話すのをやめるように言いながらも、その直後、実質的には当事者と「同じことなんだけども（一二行目）」として、妻の語りを再開させるのである。(14) 妻はけっして当然に発言の機会を与えられているわけではなく、いわばその入り口で対話参入の「資格審査」を受けているのだが、裁判官の審査結果は微妙である。すなわち、「当事者じゃない」が実質的には「同じこと」として、彼女を第三者と当事者の双方の特徴をもつ多義的な立場にあるかのように位置づけるのである。(15) しかし、傍聴席にいた妻にとっては、自分はこれまで紛争との関係さえも訊ねられていなかったのであるから、一面で当事者と実質的に「同じこと」であるという位置づけを与えられたことによって飛躍的にテーブルとの心理的距離が近づいたといえるのではなかろうか。じっさい、このあと二度、妻は自律的に参加していく姿勢を示している。(16)

さらに、こうして傍聴席にいる紛争関係人を多義的特徴で捉えることは、そうした特徴づけを受けた紛争関係人だけでなく、特徴づけを付与した裁判官にとっても都合がよいように思われる。なぜならば、紛争の実情をより立体的に理解するために、裁判官にとっては、紛争関係人の語りに耳をかたむけることも有益ではあるが(17)、審理の軸はあくまでもテーブルを囲む当事者間のやりとりであって、対話があまりに拡散することは望んでいないと考えられるからである。(18)じっさい、この事例でも、裁判官は妻の話しを聞いたあとある程度のところで「はい、じゃ、もうやめてください。こちらがあくまでも当事者ですから（二七段目）」と述べて、妻の発言を制限しているのである。しかしながら、ここであらためて確認しておくべきなのは、本来発言の機会を与えられていなかった傍聴席の紛争関係人が、当事者的な特徴も併せ持つことで、自由にとはいかないまでも対話関係に参入する資格を獲得したということである。この事例では、傍聴席にいる原告岩田氏の妻に対して多義的地位の付与が明示的になされたが、そうした裁判官による言明がなくても傍聴席にいる紛争関係人が対話に参入することが許される場合には、一般に同様の認識枠組に基づいて事態が進行していくのではなかろうか。

（14）　佐藤彰一「裁判官の役割」法学セミナー五一四号（一九九七年）七二―七五頁では、裁判官の役割として、判決段階の法適用に重心をおいた「法適用型裁判官像」から、判決前の当事者の語りに耳を傾けることに重心をおいた「法援用型裁判官像」への転換の必要性を説くが、本文に見られるようなやりとりを考慮すると、現場の裁判官にはまさにそうした「話を聞く姿勢」の重要性が体得されているのではないかということが推察される。

(15) 東カリブのアンティグアを対象にして、法による分節化がアイデンティティ構築にはたす役割を指摘する Mindie Lazarus-Black, "Alternative Readings: The Status of Children Act in Antigua and Barbuda," *Law & Society Review* Vol. 28 (1994), pp. 993–1007 では、具体的事例をもとに、本来は非嫡出子に対する差別的な処遇を改善する目的で制定された子供の地位に関する法律（the Status of Children act）が、子供の親権をめぐる父母の間での争いにおいて、父や母の子供との関係を再定義する要素として活用される場合があると論じている。こうした知見は、個人の法的地位を同定するにあたっても、目下の状況で紛争関係人間の関係が考慮されながら多様的に分節がおこなわれることを示唆しており、本章での裁判官による傍聴者の同定の仕方を考えるにあたり、興味ぶかい視点を提供するものである。ただし、Lazarus-Black の議論では敵対する当事者がそれぞれの党派的な立場から子供との関係を別様に解釈しているが、本章においてはこうした明確な党派的観点からではなく、中立性を保持しつつ、紛争関係人の当事者との関係への配慮を求められることから非常に微妙な位置づけをおこなわざるをえない裁判官の立場の難しさがうかがわれるように思われる。

(16) こうした動的過程をふまえると、Barbara Yngvesson, "Making Law at the Doorway: The Clerk, the Court and the Construction of Community in a New England Town" In C. Greenhouse, B. Yngvesson, & D. Engel. *Law & Community in Three Towns* (Cornell University

Press, 1994）で主張されているように、法的な分節化も裁判官ら法専門家が一方的におこなっていく作業ではなくて、当事者さらには紛争関係人からの挑戦を受けて法専門家の分節の境界線も揺らぎながら、その時その場で適切と思われる箇所に暫定的な境界線が引かれているのではないかと考えられる。そして、本節の資料【9】敷金返還I―②「違います」の中で裁判官が見せたような多義的な特徴づけは、状況によって必要とされる境界線の移動を容易にする仕掛けをあらかじめ準備しておく叡智とも考えられるのではなかろうか。

(17)　民事訴訟法が改正される前、通常手続に関する「パネル・ディスカッション　争点整理及び集中証拠調べをめぐる諸問題」判例タイムズ八四八号（一九九四年）一四―一五頁の井垣敏生判事の報告に以下のような興味ぶかい発言がある。「採用しなかった証人や当事者の親族等で事件の解決に影響力を持つ者などに同席してもらうように要請し、尋問予定者だけでなく、関係者全員に審理への関心をもってもらうような配慮をしています。関係者が傍聴している場合は、自己紹介をしてもらうこともあります。」「尋問後に直ぐに和解を勧告しても、証拠調べの一部始終を見聞していることもあって、関係者と相談して即時に判断してもらえることが多いように思われます」「ときには、対立点について、相手側の証言を聞いていて、自らの主張を修正し、対立点が解消することもあります。逆に、まれですが、傍聴席から相手方を嘘つきと罵るような場面があったり、それに対し、意地になって自分の言い分に固執しているように見えることもありますが、そのような態度証拠も重要な意味を持つわけです。」「一応の尋問が終えた後、重要な相違点について、対立した人証を証言席に呼び、代理人又は裁判所から尋問したり、場合によっては、人証同士で直接発問することを許して、議論させることがあります。また、専門家証人同士で討論をしてもらったり、疑問点について双方から説明を求めるような尋問方法も効果があるように思われます。」と述べているのである。こういった一連の発言をふまえると、和解や証人訊問の場面における当事者や紛争関係人の間での相互作用に、裁判官も意義を見いだしている場合があることがうかがわれる。その意味では、本文で指摘した裁判官求心的な情報蒐集という側面に傾斜したかのような有益さというのはきわめて一面的な見方でしかなく、裁判官が紛争関係人の参加の意義を勘案するにあたっては、現実的にはより多面的な配慮があるものと推察される。

(18)　一九九八年三月二六日に開催された第四回日司連市民公開シンポジウム主役は・だれ！　少額裁判 Part II の模様が、月刊司法書士一九九八年五月号二頁以下に掲載されているが、その基調講演「少額訴訟手続の運用に期待するもの」において、井上治典は、少額訴訟手続の今後の運用において危惧される問題点の一つとして「ラウンドテーブルのやりとりが拡散した井戸端会議的なものになりはしないか。当事者は裁判所で全生活の問題を主張するのではなく、裁判所を出たあとに生活の道筋での一里塚をつくることができるように必要最小限のポイントだけ審理することが重要である（四頁）」と指摘したとされている。裁判官にとっても、審理が紛争のポイントをあまりにはずれすぎたり、無秩序になったりすることは望ましくないと考えられるのではなかろうか。

第四節　ラウンド・テーブル法廷での探索活動

きわめて当事者に近い立場にある傍聴者が、テーブルについている「本来の」当事者とは異なる固有の利害認識や言い分を感じ、日常的な作法での対話に誘いだされ、発言をする機会は、裁判官によって多義的地位を付与されることによって、確保されることが分かった。ところで、傍聴者の参加は、審理にとってどのような意味があるのだろうか。あるいはまったくの言いっぱなしで、いわゆる「ガス抜き」といわれる効能に終始しているのであろうか。[19] すでに裁判官との関係では、審理判断のための情報提供としての一面があることを指摘したが、とりわけ、テーブルについて対話の軸をになっている当事者との関係ではどうなのだろうか。これまで見てきた「声による探索活動」という視点をもう少し敷衍しながら、少額訴訟の紛争処理における傍聴者の参加の意義を考えてみたい。

以下では、法廷での審理も最終段階にさしかかった資料【10】敷金返還Ⅰ―③「和解する気はあるか」を手がかりに、そうした関心から検討をしてみよう。

【10】敷金返還Ⅰ―③「和解する気はあるか」

裁判官　……それでこういう特約を、公団のでたあれで特約をやった契約なんだと、そういう標準的な契約なんだということなんだけれども……

友枝氏　どうしても、自分は、報告を受けたものですから、岩田さんのほうで全部納得したということでは、そういうふうに……

岩田氏　私は、最後の時点で引かれていた……送られてきたときにはもう引かれていた……

友枝氏と岩田氏との対話の後ろでは裁判官と司法委員とが何か小声で話している。

裁判官　あのね、もういっぺんいいですか。あなたのほうからね、こういう書類を出している。これは何ですか？

岩田氏　それ、一応、あの、他の業者のひとに……

裁判官　それでね、ここにバツがついているのは何ですか、認められなくていいってことなんですよね？　二枚あるんだよね。一枚目と二枚目、どういう関係なの？　T・Nホームっていうのが一枚目かな。二枚目も同じもののようなんだけども、何か違ってるの？

妻　別の……

裁判官　別の……二社に頼んだのね。そうして、最初のT・Nホームのほうが、いくらなの？

裁判官は司法委員と書類を確認しながら小声で話している。

え～とね、これでいくとね、T・Nのほうで出したのは一〇一、〇〇〇円なの。これは、次の、どこの業者か分からないけど、これが八九、〇〇〇円。この代金がね。で、あなたのほうは、今度、バツがついているのがあるでしょ、これは自分のほうで負担すべきじゃないかということでバツつけたの？　だから、そういう意味でカギ代とか何かということについては、バツということになるのかな。それから、これは負担してもいいということ？　換気扇はダメ、壁の薬品洗浄もダメ……

妻　ちょっと、よろしいですか。それはまだ、その……私どもの認識ってのが、まったく負担しなきゃいけないと思い込んでいたんですよ。それで、いろいろな相談、法律相談とかいろいろといったんですけれども、そういうものは家賃のなかに充当されているものですから……

裁判官　私がさっき言ったことと同じことですね。

妻　はい、ですからこういうものは払わなくていいですって、あとで聞いたんですよ。ですから……

裁判官　じゃ、これ、なに？　何のために出してきたの？

妻　一応、かりに当方のミスで全部なおしたとしてもこれだけの見積りの差があるっていうことを言いたかったんです。で、室内清掃なんて何百円ていうのが六千円て書いてあったので、そういうのも金額的にもおかしいですし、そういうことを分かっていただきたい。

裁判官　だけどもね、これ金額的な見積りではね、あなたのほうがここで出してきているものと、ここのほうで出してきているものと比べるとね、モノによってはね、こちらのほうが安いものもあるんだよね。……じゃ、なに、これは一切負担しないということ？　カギ代しか負担しないということ？

妻　そうです。法律的には、お家賃に含まれているものなので、いろいろ調べたんですけど……

裁判官　まあ、あのね、それは確かにその通り、さっき言ったことと同じことでしょ。

妻　はい。

裁判官　基本的な考え方としてはそれでいいんですよ。いいんだけれどもね。まあ、特約問題とか一つあるんですよ。ただ、特約があるからって、必ずしも、何も知らないで契約しちゃったと、こちらもみんな任せているとか、いろいろ問題はあるんだけれども……まあ、先生、どうなんですかね、特約っていうのが入っている場合とまったく入っていない場合が、そこらへん問題ですね。

司法委員　普通の契約書のなかに、特約条項として手書きかなんかで入っているやつは多分有効だろうと思いますね。ところが、こういうふうに印刷されちゃっているやつの場合は、ちょっと無理だと思いますね。これはちょっと……

裁判官　基本的にはそういう考え方なんですよね、裁判所のほうはそういう考え方なんだけれども……あの～、ただ、貸主のほうの友枝さんのほうでね、「今まで問題なかったのに、何で今こういうことになっているんだ」とそれはそのとおり分かるんですけどね。ただね、もともと本来はそうじゃないんですよ、そうじゃなかったものが最近、少額訴訟という制度がきっかけになったのかどうか、本来の形にもどってくるような請求が出てきているというのが実際なんですよ。だから、あなたのほうの気持ちはよく分かるんだけれども、やっぱり頭切り替えてもらわないと、これから。それは貸主の論理であってね、不動産の管理業の栗本商事の論理なの。それが今まで通ってきたのが、これからも通るというのは、もう頭を切り替えて。

司法委員　岩田さんのほうは、和解はする気ある？

岩田氏　私としては……謝罪がほしい……

裁判官　謝罪っていうのはちょっと。

岩田氏　友枝さんのほうではなくて、栗本商事なんですけども……

裁判官　感情的になるとね、双方が感情的になる……先生が言っているのはね、金額の問題のことで……

司法委員　あなたのほうが大丈夫かというと、それは分からない。あなたも、重要事項説明書に印も押しているんですよ。だから、この額、この額で、あなたのほうで譲歩する気はないですかと……

岩田氏　ないです。

裁判官　先生もおっしゃっていたけど、全部あなたに有利になるか分かりませんよ。それでも、

　　　　あくまで頑なに、っていう言い方は適切じゃないかもしれませんが、この額にこだわるんですか？

岩田氏　そうですね……

裁判官　少し譲歩する気はない？　減額して……

岩田氏　話し合いに……なるか……

裁判官　あなた、重要事項説明書に印も押しているんだし、全部有利な判決が出るかも分からない。これで判決もらっても、友枝さんのほうで異議申立てすればまた長引く。それより、話し合いなら、ここで解決するんです。

岩田氏　友枝さんとなら……譲歩する気は……ただ、栗本商事は……

司法委員　友枝さんとあなたのことです。栗本商事は抜けているんですよ。ぜんぜん関係ない。

裁判官　こっち［友枝氏のほうを指して］は、そういう意味ではちょっとかわいそうなんだけど。

以上は、紛争の実情につき、原告側が提出した資料をめぐるやりとりに傍聴席から原告の妻が参加した対話を経て、裁判官および司法委員が和解を勧試している場面である。

リフォーム代金支払いについて原告の了承があったのかに関して当事者双方の直接の対話があり、

少し間をおいてから、裁判官が原告側が提出した二つのリフォーム業者作成の見積書について岩田氏に質問を始める。そこに、岩田氏の妻が、先に獲得した多義的地位を下敷に[20]、ここでまた「ちょっとよろしいですか」と切り出し、自律的に参加を試みるのである。発言の趣旨は、仮に支払いがあるとしても他業者の見積と比較しても請求額が高すぎるし、その見積書を提出した時点では無知だったが、そこのあがっている項目についても支払う法的義務はない、と法律相談から得た法的知識を主張するのである。したがって、裁判官から「じゃ、なに、これは一切負担しないということ？　カギ代しか負担しないということ？（三七～三八行目）」と訊ねられるのに対して、妻はきっぱりと「そうです（三九行目）」と見積書の諸項目につき一切負担する気がないことを強く意思表示している。

さて、司法委員と裁判官は特約に関してふたたび話し合ったのち、被告の友枝氏に厳しい見通しを説明する。それに続いて、司法委員は原告の岩田氏にむかって「和解する気はある？（六〇行目）」と和解の糸口を探ろうとする。司法委員の和解勧試に対して、岩田氏は、栗本商事の「謝罪がほしい（六一行目）」と述べつつ、「（譲歩する気は）ないです（六九行目）」と妻に同調して和解を峻拒している。一連のやりとりをみると、この段階で、原告は、請求に掲げられていない「謝罪」というもう一つの要求を明確にし、金額については当事者同様の立場にある妻の和解峻拒の意向をくんだ応答をしているように、理解することが可能であろう。[21]

しかし事態はさらなる展開をみせる。裁判官および司法委員に、原告の側にも非があることも繰り返し指摘されるなかで、岩田氏は、わざわざ「栗本商事」に対しては不満が残ることを示唆しながら、友枝氏とであれば和解する気はあると態度を変更するのである（七九行目）。友枝氏との紛争解決ということに限定するならば、友枝氏と和解する気があると言明するだけで十分なはずであろう。ここであえて、岩田氏は相手方を友枝氏と栗本商事に分離したうえで、法廷内に不在の栗本商事に対する不満が残ることを確認しているが、それは裁判官や相手の友枝氏に向けられたものというよりも、むしろ傍聴席からテーブルを見守る妻へ向けた言い分として機能しているのではなかろうか。すなわち、妻は、和解をする気はないという態度表明をして参加を終えたのだが、その後和解を受け入れたほうがよいような対話の流れになり岩田氏もその気になりつつある。そこで、自分たちの不満のやり場を栗本商事に一手に負わせることで、目の前にいる友枝氏との和解は仕方のないことであると、岩田氏は裁判官や相手に向き合いながらも間接的には妻に見せている。そのやりとりを見せることで妻を説得して、(22)自分たちが裁判官および司法委員の和解勧試を受容する土壌を徐々に形成する効果を発揮していると解釈されうるのである。(23)

まとめよう。紛争関係人の傍聴席からの参加を可能にする法廷では、当事者岩田氏は、固有の利害認識をもつ当事者的な紛争関係人（妻）に配慮しながら、紛争処理のための「落としどころ」となる言い分を探っている。そのやりとりを妻に見せることで、自分の決断の合理性を示し、仮に不満があれば参加を許す状況をつくっている。こうして、参加の可能性を潜在させた傍聴を許容する公開のラウンド・テーブル法廷では、共在する紛争関係人に固有の利害認識もとりこみながら、当事者が解決の方向を模索していくことを可能にするのではなかろうか。(24)

(19)　アメリカでの実態調査をもとにわが国における生活紛争解決制度の構築に向けた視点を提供する太田勝造『民事紛争解決手続論』（信山社、一九九〇年）第一章「民事紛争解決のシステム：生活紛争を中心として」でも選択肢のひとつとして少額裁判所がとりあげられている。そしてそこでは、少額裁判所だけでなく裁判外紛争解決制度も視野に入れながらではあるが、審理手続の機能として、フォーラム形成機能、紛争分析機能、平等化機能、交渉手続過程自体の合理化機能、紛争当事者教育・社会化機能に並んでカタルシス機能が言及されている。「フォーラム（forum）で自己の主張を十分に述べること、相手や第三者にじっくり聞いてもらうこと自体が当事者に与える満足感は紛争の激しさを和らげることができる（五四頁）」とされているのである。

(20)　Arjun Appadurai, "Topographies of the self: praise and emotion in Hindu India" in C. A. Lutz & L. Abu-Lughod (eds.), *Language and the Politics of Emotion* (Cambridge University Press, 1990), pp. 92－110, はインドのヒンズー社会における賞賛（praise）という「感情」を定型的表現様式として捉え、その実践によって形成される「情操の共同体（community of sentiment）」の態様をさまざまな現象に素材を求めて論じている。本節との関係で、そのなかでもとりわけ興味ぶかいのは、「賞賛」が物乞いによって意図的に行使される場面に関する分析である（pp. 97－102）。Appadurai によれば、物乞いたちは、祝福賛美する口調で食物や金品を求めながら、それらを提供すべき役割意味のうちに相手を取り込んでしまう。物乞いたちは、インドの多彩な文化的含意を背景に、嫉妬から、「賞賛」を「妬みのまなざし」にむすびつける感情的多義性を活用するのである。物乞いにとって、相手との関係は感情的言説を介して多義的に把握されており、「賞賛」の言説も、それが援用されるにあたっては相手から金品をまきあげるためのひとつの交渉カードにすぎないのである。すなわち、多義的な関係把握を獲得することで、交渉の可能性が拡張する場合があることが推察されるのである。ここでもまさに、事前に獲得されていた多義的立場としての特徴づけが、妻の審理への反復的な参加を容易にしているのではなかろうか。

(21)　樫村志郎「労働仲裁の社会学的秩序」三ヶ月章先生古稀記念『民事手続法学の革新　上巻』（有斐閣、一九九一年）六四九―六八〇頁では、アメリカ合衆国ハワイ州の労働仲裁過程をとりあげて分析するなかで、証人尋問手続において尋問者との共同作業で証人がおこなっていく証言が、単に直前の質問にのみ即時的に対応するものではなく、これまでの尋問の経緯をふまえて生み出される「意味」を志向していることを示している。会話の流れのなかでの発話は、発話者の出来事に対する物語解釈と相互反照的な関係にあるとすると、本節のように原告岩田氏の発言を解釈することもそう不自然ではないと考える。また、同「法律的探究の社会組織」好井裕明編『エスノメソドロジーの現実―せめぎあう〈生〉と〈常〉』（世界思想社、一九九二年）八八―一一〇頁も参照。

(22)　じっさい、原告が夫婦連名で提出した陳述書によれば、仲介業者栗本商事との電話交渉をおこなったのは岩田氏の妻のようであった。そしてさらに、その陳述書によれば、栗本商事の対応に対する「憤り」がつづられており、「もはや金の問題だけではない」旨も記されていた。このことから、電話ではあるが直接栗本商事と交渉した妻には、この紛争処理に対して体験的な「憤り」に基づく強い関心をもっていることが推察されるのである。したがって、原告としてテーブルについている岩田氏も、いわば紛争過程の当事者の一人ともいえる妻を視野におさめながら紛争交渉をおこなっており、本文のような解釈が成立しうるのではなかろうか。

(23)　井上正三「民事訴訟法理論における制度と個人」『裁判と裁判外紛争処理に関する多角的実証研究』(非売品、一九八八年)一五七頁以下では「個人のアイデンティティ」について言及し、次のように述べている。すなわち、個人というのはひとりひとりが多様で異なっているというだけでなく、「ひとりひとりの個人が非常に variety のある価値を同時に追求していこうという面があるのですね。非常に愉快な例があるのですが、公害企業の煙でカーテンがいつも汚れているので、いらいらしているおばさんがいる。だけどその人はその公害企業に対する投資家でもあるのですね。それから環境保護団体の運動もやっている。ひょっとすれば、シェア・クラブにも入っている(一六二頁)」というように。そして、「実体法が、多数派が、あるいは社会が出てきて、何かその価値は認めてやるけれども、あの価値は認めてやらないぞというように言われるのはいかん、それは疎外だ。十分にそれらを自己実現していくことが保障されていかなければならない(一六三頁)」。「要するに、人間それ自体が平和にあるところで色んな価値の中で、この辺で手を打とうと満足するのではなくて、あれもこれも全部実現してしまいたいわけですから、日々変容に日々欲望を新たに生み出し、そしてまた、時とともにそれを実現し、そしてまた、他の欲望に取りかかっていく、というふうに生き生きとしておるわけです(一六四頁)」。筆者は基本的にこのような「個人のアイデンティティ」観に賛同する。こうした議論には、一個人のうちに多様に開花する欲望を認めつつ、その個人が変容していくという人間理解がある。多志向的な欲望の変容や充足は、関係する人びとの利害がその時々で考慮されながら、個々人内部で生じていくのではなかろうか、と筆者は考えるのである。本論との関係でいえば、岩田氏は自分の妻、友枝氏、栗本商事、裁判官や司法委員を同時に視野におさめながら、自分なりの「落としどころ」を探っているものとも理解されよう。

(24)　Sally Falk Moore "Individual Interests and Organizational Structures: Dispute Settlements as Events of Articulation," in Ian Hamnett (ed.), *Social Anthropology and Law* (Academic Press, 1977), pp. 159–188, では、キリマンジャロの Chagga の具体的な紛争事例をとりあげて、紛争が地域密着型の処理フォーラムから制度化された処理フォーラムへ移行していくにしたがってとげていく変容を分析している。その前半部分で地域密着型の紛争処理を描写している場面で、Moore は、当事者がそれぞれ言い分を述べているうちに人びとが集まってきて、党派的な意見を言い出すさまを活きいきと紹介し、次のように分析する。すなわち、遠まきに紛争を見ながら党派的に参加していく傍聴者は当事者と多層的な利害関係にあり、「二人の個人間の不一致は、その解決が、特定の具体的公益にかかわる慣習や組織的社会関係を内包することがありうるというような意味で、公的争点になりうるのである (p. 177)」と指摘している。また、紛争は、処理の場面においては、単に日常的な社会関係を巻き込んでいるというだけでなく、そこに筆者のような参与観察者がいる場合、その共在さえも傍聴者の紛争への参加形態に影響を与える可能性（危険性）についても、Moore は言及している (p. 174)。また、民事裁判における公開の一般的な意義を、紛争関係人間の相互作用に見いだそうとするものとして仁木恒夫「裁判の公開と法専門家」法政研究第六〇巻一号（一九九三年）一二三―一四一頁、より具体的に「争点整理」の場面で、広く関係者をとりこんだラウンド・テーブルの公開を主張するものとして安西明子「争点整理と公開」法政研究第六〇巻一号（一九九三年）一六三―一八四頁。

以上に見てきたように、ラウンド・テーブル法廷では、当事者自身が「声による探索活動」を実践しやすいという対話環境を軸として、柵で隔てられた傍聴席からもかかる探索活動に自律的に参加していく契機が見られる。傍聴する紛争関係人のこうした活動は参加的傍聴と呼べるかもしれない。法的形式性によって画一的に参加機会を規律していくのではなく、状況により参加的傍聴を許容する紛争処理のあり方は、社会的紛争のレヴェルでの紛争関係人の個々の利害認識を尊重するものといえよう。

第五節　小　括

本章では、対話記録によって比較的確認しやすい事例をとりあげて検討してきた。しかし、いうまでもなく、紛争関係人の参加のありようは、ふるまい方や発話の感覚的な差異などもふくめて多様である。筆者がこれまで観察したわずかななかでも、たとえば次のような事例がある。若い女性が提起した敷金返還紛争の少額訴訟審理の経過に納得がいかず、和解室へ移行する直前に、相手方大家の対応に対する不満を女性の叔母が述べ始めた事例。それまで欠席する予定だった原告本人が不意に法廷に現れたため、実質的に訴訟前から交渉もすすめてきた兄が代理権を取り消されながらも、原告に傍聴席から資料を渡そうとしたり、発言をこころみたりした事例。働いていた飲食店を同時に解雇された青年従業員二名が、同じ日に別の法廷で飲食店主に対して賃金の未払い分の支払いを求める少額訴訟をおこなうにあたり、互いに仲間の審理を傍聴していた事例。未払い賃金の支払いを求められている風俗店経営者がつれてきた小さな子供が法廷内を走り回るのを裁判所書記官が相手をしている事例もあった。これらの事例のうち、傍聴者が発言して参加しようとしてくるものについては、本章で検討してきた事例に近い特徴がみられるものと考えているが、それでもすべてが同様に論じられるかという点では慎重でなければならないだろう。紛争の文脈ともなっている社会的関係を法廷内にある程度は取り込んだ対話過程に関しては、なお一層の検討が必要なことはいうまでもない。

第六章　対席和解交渉での感情処理

第一節　少額訴訟における和解的処理

裁判所における紛争処理方法としては、判決とならんで和解が予定されている。図式的に述べると、判決が裁判官の下す強制的判断による紛争処理であるのに対して、和解は当事者相互の自主的合意による紛争処理ということになろう。そして近年、一般に和解による紛争処理が高く評価されているのは周知のとおりである。

和解の長所としては主に次のような点が指摘されている[1]。第一に、和解は上訴されないため、紛争の早期かつ最終的・全面的解決が達成されること。第二に、法規範に縛られず、当該事件にとって柔軟で具体的妥当性のある内容の解決を獲得できること。とくに、紛争の実体を総合的に対象とすることで、事件の経緯、当事者の個別的事情、感情などにも配慮して、当事者の満足のいく実情に即した解決をつくりだすことができるとされる。第三に、双方の合意によるため、結果の自発的な履行確保の可能性が高まること。和解的処理は、まったく問題なしとされているわけではないが、以上のような有用性が注目され、実務においても奨励されているのである。

ところで、もちろん少額訴訟手続においても、和解による紛争処理は可能である。むしろ少額訴訟では、少額の事件を迅速に処理するという制度趣旨から、強制執行よりも当事者の任意履行による解決案の実現の方がいっそう望ましい。実際、非常に多くの事件が和解によって終了している。[2] しかも、少額訴訟では、「柔軟で具体的妥当性がある内容の解決」を、裁判所の援助を受けながらも、当事者本人が自身の手でつくりあげていくことになる。[3] 当事者は、日常生活感覚を直接もちこんで納得のいく解決案を模索することができるのである。しかしながら、他方で、少額訴訟は迅速な処理を実現するために「一期日審理の原則」に基づいて審理が運営されている。利用者にとって、一回の期日で審理が終わることもまた重要な少額訴訟に固有の意義なのである。したがって、和解であっても、なかなか合意に到らないからといって、いたずらに審理期日を延ばすことは好ましくはない。「和解勧告するのに不適切と判断される事案は、早急に和解を打ち切り、判決をするべきなのである[4]」とされる。

こうして少額訴訟においては、「少額の事件の迅速な処理」という制度趣旨から、和解手続の運用上の難しさが生じてくる。少額紛争に関しては、当事者の任意履行を期待できる和解的処理が望ましいが、日常生活感覚に基づく当事者自身の和解交渉は、必ずしも合理的交渉としてすすめられることは期待できない。むしろ和解的処理が、紛争の実体を総合的に対象とすることで、事件の経緯、当事者の個別的事情、感情などにも配慮して、当事者の満足のいく実情に即した解決をつくりだそうとするものであるならば、交渉がいかに困難なものになるかは容易に想像できよう。それにもかかわらず、和解的処理は一期日で達成されるか、そうでなければ終結されなければならないのである。それでは、限られた時間のなかで、少額訴訟における和解的処理を目指した交渉はどのように進められるのだろうか。本章は、一期日審理に組み込まれた妥当な合意を形成するための和解手続のあり方を、とくに「理性的な」交渉を阻害すると考えられる当事者の感情に着目しつつ、考察することを目的とするものである。

（1）　たとえば加藤新太郎「訴訟上の和解」小島武司＝伊藤眞編『裁判外紛争処理法』（有斐閣、一九九八年）四三頁、六本佳平『日本の法システム』（放送大学教育振興会、二〇〇〇年）一〇三頁など参照。

（2）　たとえば、すでに第二章で見てきたように、一九九九年の東京簡易裁判所における少額訴訟既済事件の終局区分別事件数によれば、和解による終了は五九七件で、総数一、六八七件の三五・四％を占めている。筆者が調査をおこなった期間も、多くの少額事件が和解によって終了しているのである。

（3）　ただし垣内秀介「裁判官による和解勧試の法的規律（一）」法学協会雑誌一一七巻六号（二〇〇〇年）七五六頁では、当事者自治という点でいうならば、むしろ和解することもしないことも当事者の意思に委ねられるべきことであるとして、当事者自治の原則から和解的解決が無制限に奨励されるべきではないことを指摘する。

(4)　石崎實「和解の勧試に関する問題点」塩崎勤編金融・商事判例別冊『少額訴訟―理論と実務―』(一九九九年)八五頁参照。

第二節　和解運営方法

和解手続は当事者が自分たちの紛争にとって妥当な合意を構築していく手続である。少額訴訟においても和解手続は規範的に構造化されておらず、勧試する裁判官の裁量でさまざまな形態をとりうる。そこで、以下で具体的な和解手続での交渉を考えるのに先だって、筆者の観察をもとに裁判官の実践にみられる多様な和解運営方法を多少整理しておくことが便宜であろう。ただし、本節の目的は、和解の総合的な理解というよりは、次節でとりあげる事例分析をもとにおこなう議論が拡散するのを防ぐため、それを位置づける簡単な座標軸の設定をすることにある。

和解の勧試は、裁判所の裁量によって随時おこなわれる。まず、和解がどういった段階で観試されるのかを考えよう。可能性としては、期日の開始早々から終了直前まで勧試することがありうる。実際、審理が始まってすぐに、裁判官によって和解の勧告がなされる場合がある。審理冒頭の手続教示と手続選択がなされてから、原告の言い分を確認の後、それに対する被告の反応を聞く。被告が債務の存在を認めており、現実の支払い方法で和解的処理を求めていることが分かると、すぐに和解手続へと移行するのである。しかし、多くの双方対立している事案の場合には、弁論と証拠調べの一体化した審理がひととおりおこなわれた後で、裁判官から和解の勧告がなされる。したがって、和解手続がおこなわれるのは、便宜上審理開始直後の段階と弁論終了後の段階とに分けて考えることができそうである。(5)

なお、裁判官が和解を勧試する好機を適切に判断するためには、裁判所書記官の役割が重要になってくる。裁判所書記官は、受付相談段階で当事者に対して手続の説明をおこない、訴状を受理した後は事件係担当書記官に円滑に引き継がなければならない。事件係担当書記官は、原告当事者と面接して審理の準備をうながし、他方で被告当事者に対しても連絡をとって応訴状況を照会することが期待されている。(6)こうして裁判所書記官が、双方当事者に期日の準備をうながすとともに、紛争の実情を裁判官や司法委員に報告し、(7)連携協働して事件処理を展望することで、裁判官や司法委員は和解についても見込みをたてることができるのである。(8)

さてもう一つ、周知のとおり、交互面接方式と対席方式の分類がありうる。(9)交互面接方式をとるか対席方式をとるかも裁判官の裁量による。交互面接方式は、相手方がいないところで当事者が自由に主張できるし、感情激化を防ぐこともできる。それに対して、対席方式は、相手方の反論の機会を失うことなく公正な情報交換ができる。それぞれの方式には相応の利点があるのだけれども、多くの裁判官は交互面接方式を好んで選択するとされている。すでに言及したように、和解は「感情」もふくめた紛争の実体を総合的に対象とすることが可能な紛争処理である。[10] 通常、裁判官は、そのような総合的な紛争処理に配慮しながらも、当事者が相対することで感情が高ぶることを危惧する。[11] そこで、双方が直接対面するのではなく、裁判官や司法委員が緩衝器となって、こうした感情も汲み取り、和解達成のための必要情報を伝えていくことが期待されるのである。なお付言すると、和解の斡旋では、司法委員が単独でおこなう方法と裁判官と同席しておこなう方法とがある。前者の場合であっても、和解斡旋に先だって司法委員は裁判官と証拠調べの結果について十分な打ち合わせをおこなうことが相当であるとされる。

しかし、裁判官の裁量でいずれの段階にいずれの方式をとろうとも、[12] 裁判官の努力だけでは和解手続を迅速に進めることはできない。[13] 既述のように裁判所書記官や司法委員の協力も必要になってくるが、[14] なによりも当事者の積極的な姿勢が不可欠なのである。実際、裁判官は、審理の開始段階で和解的処理の可能性と当事者の協力の重要性に言及することがある。当事者の合意を模索する和解交渉にあっては、とくに当事者の意欲が手続の主要な原動力になるのである。そこで、まずこの点を、資料【11】敷金返還II――①手続教示での和解への言及で確認しておこう。

【11】　敷金返還II――①手続教示での和解への言及

裁判官が手続教示を丁寧におこなった。そのなかでは、少額訴訟を通常の裁判と比較して「具

体的に言いますと、一回、今日審理を終わらせるというのが一番の目的。でまあ、通常の裁判であると、なかなか一回で終わらないですね。何回も期日を重ねるということがよくあるんですが、基本的にはできるだけ当事者双方の協力も得てですね一回で終わらせるというのが一番の訴訟の目的です」とも述べる。そして、被告の内堀氏のほうでこのまま少額訴訟でやっていくかどうか、と訊ねると、それに続いて内堀氏が口を開く。

内堀氏　少額……っていくら。

裁判官　三〇〇、〇〇〇円。これ一応要件になっている。これは三〇〇、〇〇〇円を超える事件であれば、これは少額訴訟ではできません。もしそういうことが少額訴訟で来ても、裁判所のほうが職権ていうかそういうことで通常の裁判に移行させる。でもこれは六六、〇〇〇円ですからね。その要件は満たしているということで。……それでは少額訴訟ということでよろしいですか。まあ、当事者の額がそれほど高くないからということもありましてね、この少額訴訟の趣旨といいますか、そういうものはできるだけ早期に解決しようと、そういう趣旨のものなんです。ですから、その趣旨にご賛同であれば、出来るだけ早めに解決したいという趣旨であればこの制度は非常にいい制度ではあるかと……

内堀氏　わたしも忙しいですから、こうやって呼び出されてもね。
裁判官　じゃ、このまま少額訴訟ということでよろしいですね、通常の訴訟に移行するということはやらなくて。
内堀氏　はい。
裁判官　じゃあ、これで少額訴訟やっていきますけれども、まあ、今申し上げましたようにねできるだけ一回で終わるという目的なんで、話し合いも含めて今日やりますけれども、できるだけそういうことを、自分の主張だけをいうのではなくて、相手方の主張に耳を貸して譲るところは譲ってできるだけ今日決着がつくようなね、形で協力してください。裁判所がいくら意気込んでも双方の協力がないとできないことなんで、その辺よく配慮してこの手続を進めていってくれませんか。よろしいですか。それじゃね、まず審理に入ります。まず、原告である小野さん、ここの訴え、訴状というものを出されましたよね。ここに書いてあるとおりのことを主張されるわけですね。

ここで述べられているように、当事者にその気がなければ話し合いは進まないだろうし、合意も成立しないだろう。裁量でどのような段階にどのような方式で和解勧試しようと「裁判所がいくら意気込んでも双方の協力がないとできないこと（二六行目）」なのである。

さて、もっぱら外観に着目した便宜的分類にすぎないが、さしあたり議論の共通枠組を設定する上で有効と思われる整理ができたのではなかろうか。次節では、ここで得られた審理開始直後―弁論終了後の軸と交互面接方式―対席方式の軸との関係でいえば、弁論終了後の対席方式で、さらにもう一点付言するならば裁判官と司法委員が同席した事例をとりあげて、当事者の意欲が適切に組み込まれた和解交渉過程のあり方を分析検討する。

(5)　石崎實「少額訴訟手続」塚原朋一＝柳田幸三＝園尾隆司＝加藤新太郎編『新民事訴訟法の理論と実務（下）』（ぎょうせい、一九九七年）二八八頁では、和解運用上の少額訴訟特有の配慮として「事実関係を認める事件については直ちに和解を勧告してよいが、争う事件については証拠調べをし、弁論終結後和解勧告に入るのが相当である」として、ここで述べたような類型化の必要性が指摘されている。

(6)　雛形要松「新民事訴訟法における簡易裁判所の役割」書研所報四五号（二〇〇〇年）一〇頁参照。

(7)　たとえば、横田康祐「司法委員制度の運用状況等の紹介」判例時報一七二七号（二〇〇〇年）三頁以下、小池咲子＝岸本将嗣「司法委員制度の運用について」書記官一八六号（二〇〇一年）九頁、また相原尚夫・前掲「少額訴訟の実務覚書―その運用についての問題提起―」四六頁も参照。さらに《座談会》少額訴訟手続の運用について法曹時報四九巻一〇号（一九九七年）一七四頁では、少額訴訟導入準備として実施されていた東京簡易裁判所の市民紛争事件処理に関して石崎實判事の「(司法委員に) 市民紛争事件の場合には事前に来ていただきまして記録を見ていただき。その中には、通常事件と違って、すでに証拠関係の写しなども出ておりますので、それを検討した上で、法廷立会い前に、書記官と裁判官と三人でこの事件の展開を予測し、市民紛争事件、つまり一回終結の趣旨を話して法廷に臨みます」という発言が見られる。

(8)　William Felstiner, Richard Abel & Austin Sarat, "The Emergence and Transformation of Disputes: Naming, Blaming, Claiming...," *Law & Society Review* Vol. 15 (1980—81), pp. 631—654 が指摘したように、当事者の認知の変容に応じて紛争態様も変容するのだとすると、裁判所で具体的に妥当な和解的解決を形成していくためにはその認知変容過程を手続総体にわたって把握しておくことが望ましい。もちろん、そのことは裁判的解決の形成にあっても同様であろう。しかしそれを裁判官ひとりが手続全般にわたって同程度の関与をなしうるわけではない以上、裁判所書記官や司法委員との連携が重要になってくるのである。

(9)　交互面接方式と対席方式のメリットとデメリットについてはさまざまに論じられているが、たとえば山本克己「手続ルールの検討」小島武司＝伊藤眞編・前掲『裁判外紛争処理法』六〇—六七頁、とくに六五頁参照。

(10)　もちろん感情的言動抜きで和解をすすめることが可能であれば、ここに述べているような問題が発生しないとも考えられるかもしれない。しかしながら、筆者が観察した対席和解のなかで、次のような事例があった。そこでは売買代金の未払いで訴えられた被告（青木氏）が期日に法廷にやってきて即座に全額支払う旨を述べ、原告（大杉氏）との間で実行可能な支払い方法についてスムーズに和解交渉をすすめていった。第三者関与をしていたのは司法委員であったが、和解がほぼまとまってその司法委員が裁判官を呼びにいき当事者ふたりになった時に（なお傍聴席には筆者が同席していた

5

が)、双方のあいだで次のようなやりとりが交わされた。

【12】売買代金Ⅰ―①当事者双方のみのやりとり

青木氏　どうもすみません
大杉氏　いえいえ、とんでもないです。
青木氏　いろいろと事情がありまして。
大杉氏　あれなんですか……あの、経営的に……
青木氏　ええ、経営的には非常に苦しいんですけども、つぶれることはないということで……間違いなく。
大杉氏　お願いします。……訴えるつもりはなかったのだけれども。
青木氏　この方が法的にアレですし……

その後、司法委員に連れだって裁判官が入ってくるまで沈黙。

ここには、原告が訴えを起こしたことが悪かったという感情の表出が見て取れるのではなかろうか。すなわち、一見スムーズに和解がすすむように思われる交渉でも、このような感情表出の可能性は皆無ではないのではなかろうか。

(11)　那須弘平「和解のあり方」西口元編『現代裁判法体系』(第一法規、一九九八年)三一〇頁では、交互面接方式のもと、裁判官が和解に関する情報をコントロールする役割を担っていることが指摘されており、「当事者が直接交渉すると、相手を非難したり怒ったりして相手を刺激し、まとまる話もまとまらなくなる。これに対し、交互面接方式では裁判官が当事者から上がってくる情報のうち和解を成立させるために有効であると判断する情報のみを取捨選択して相手方に伝えることで、和解が成立しやすくなる」という効果が期待できるとされている。那須の議論は通常訴訟を念頭においたものであるが、このことは少額訴訟における素人当事者間の相互直接の和解交渉にも拡張の余地があるものと考えてよいだろう。なお、基本的には調停を念頭に置いた議論ではあるが、今井盛章『心を動かす紛争相談・調停・説得の技術』（学陽書房、一九八二年）第二章「紛争当事者はどんな人たちか」では、「はげしい敵意」「当事者は自己中心的である」「当事者はこだわる」「深刻な当事者の悩み」「悩みは自己運動をつづける」「なによりもよく聞いてほしい」と、紛争当事者に共通にみられる感情的特徴を指摘する。

(12)　「和解を勧試するかどうか、いつ勧試するか等の事項は、争点の認識に加えて、事件の全体像およびその背景についての認識」を必要とするものであり、これを裁判官の「手続裁量」によってあつかうべきことを指摘するのは加藤新太郎『手続裁量論』（弘文堂、一九九六年）六七頁である。加藤によれば、「手続裁量」とは「裁判官が、訴訟における適正・迅速・公平・廉価という諸価値を満足させるため無駄を省いた効率的な審理を目標として、一方において、事件の性質・争点の内容・証拠との関連等を念頭に置きつつ、他方において、訴訟の進行状況、当事者の意向、審理の便宜等を考慮し、当事者の手続保障の要請にも配慮したうえで、当該場面に最も相応しい合目的的かつ合理的な措置を講ずる際に発揮されるべき裁量（六七―六八頁）」とされている。「裁量」の柔軟性を活かしつつも、そこに考慮すべき要因を指針として示している観念である。そして、手続裁量の観点から捉えられる場合はもちろん、あるいはそうではなくても、和解が裁判官によって柔軟に実施されるべきのであること、そしてそうではあるが決して恣意的におこなってよいというわけではないことにはおそらく一般的な了解が得られるのではなかろうか。

(13)　草野芳郎『和解技術論　和解の基本原理』（信山社、一九九五年）一一頁では、「判決をするには、裁判官、書記官の手間が大変かかるわけですが、和解ではそれが少なくて省力化に役立つということです」としている。すなわち、裁判所の事件処理の観点から、一期日の和解的解決は裁判所の合理的な省力化を可能にする有益な方法とも観念されそうである。しかし、この点、判決書作成の労力が念頭に置かれているのだとすると、少額訴訟手続では調書判決によって判決の簡素化が図られており、判決書作成の省力化の利点はかなり軽減されているといえよう。少額訴訟における簡略な調書判決については深谷實「少額訴訟判決及び調書判決の問題点」塩崎勤編金融・商事判例別冊『少額訴訟―理論と実務―』九一頁以下参照。さらにそもそも和解的処理が裁判官の効率的事件処理に有効かどうかは必ずしも明確ではないことにつきMarc Galamter, "'...A Settlement Judge,not a Trial Judge': Judicial Mediation in the United States," *Journal of Law & Society* Vol. 12 (1985) pp. 1－18. 六本佳平・前掲『日本の法システム』二二九頁でも一九九七年の統計資料をもとに「和解は、証拠調べを省略できる場合は別として、裁判官が判決を書く時間の節約にはなるが、審理にかかる時間はそれほど変わらないということになる」とする。また、すでに棚瀬孝雄『本人訴訟の審理構造』（弘文堂、一九八八年）一〇〇頁以下では、裁判官ではなく当事者の経済的利益から選択される「経済的和解」と、合意を介して社会的紛争の実体に合わせて処理をしていく「調整的和解」とを対比し、後者が本人訴訟における和解の原型的な位置を占めるものとしている。いずれにしても、和解を裁判官による効率的な紛争処理手段として捉えることには慎重である必要がある。

(14) Carroll Seron, "The Professional Project of Parajudges: The Case of U. S. Magistrates," *Law & Society Review* Vol. 22 (1988), pp. 557－574 では magistrate の役割が職場の環境の変容ともあいまって拡張的に変化しつつあることが指摘されている。その際、magistrate の役割を捉えるモデルとして三つあげられるが、そのうちのプロフェッション・モデルおよび官僚制モデルは、すでに社会の多面において反省をせまられている。そこで、プロフェッション・モデルと官僚制モデルの要素をあわせもちつつも、それを超えるチームワーク・モデルが着目されている。この点につき、相原尚夫「少額訴訟の実務覚書―その運営についての問題提起―」判例タイムズ一〇四七号（二〇〇一年）四四頁以下、とくに四五頁では「説得に当たるときは、司法委員一人（二人のときもある）で当たるよりも裁判官が同席してチームとしてあたることが、当事者からみても、また実際にも公正である」としている。

第三節　和解交渉過程の感情的対話

ここでは弁論終了後の対席方式で、裁判官と司法委員が同席しておこなわれたひとつの和解的処理の事例を手がかりにして、「紛争の実体を総合的に対象とすることで、事件の経緯、当事者の個別的事情、感情などにも配慮して、当事者の満足のいく実情に即した解決」を当事者が意欲的につくりあげていく過程について考察する。その際、とくに当事者の感情に留意しながら議論をすすめていこうと思う。「感情」は、一期日という時間的制約内での合理的な和解交渉の大きな障害となるだろう。したがって、和解交渉過程において「感情」がどのように処理されていくのかはひとつの問題となると考えるからである。その点、ここでとりあげる和解事例は、弁論終了後から開始される類型にあたり、審理過程で対立状況を経てきたことにより多少とも敵対感情が残存したまま和解交渉に入る状況を伝えるものとして有益である。では、対席方式の類型にあたるということは当事者の感情的言動とどのような関係にあるだろうか。

感情は表現される。感情は、ひとの内面に湧き起こるものであることを不当に軽視するべきではないが、内面にとどまるだけでなく同時に表出もされる。(16) Lutz は、このように表出される「言説」として感情を捉え、感情的言説をめぐってアメリカの男女の間に次のような関係があると述べる。(17) インタヴュ調査に基づく Lutz の分析によると、人々の日常的言説のなかでは「男性は理性的で、女性は感情的である」という分節が広くみられる。すなわち、男性は理性的であるため自身をコントロールすることができるが、女性は感情的であるため自身をコントロールできない。そのことを意識してか、男性に比べて、特に女性は自ら感情のコントロールが必要であると語る傾向にある。そこでは、女性が、感情的であるため自身を規律するように、自ら仕向けている状況が生まれているのである。

法廷の場においても、こうした二項図式に類似した規律が作用しているのではなかろうか。「裁判官は理性的であるが、素人は感情的である」という分節である。ただし「感情的な素人」には Lutz

のみる女性とはやや異なる規律が作用しているように思われる。裁判官は、当事者の感情が激化しないように和解手続の開始当初から交互面接方式を選ぶ。交互面接方式では、「合意」へ向けて裁判官が当事者双方の言い分を媒介する。けれども裁判官によって媒介され提示された解決案は、それぞれの当事者にとっては必ずしも即座に納得のいくものであるとは限らない。そこで各当事者は、自分の言い分も媒介してくれるはずの裁判官に対峙したとき、最大限自分に有利な合意が獲得できるよう、裁判官にはしつこいと感じられるほど、ねばりづよく言い分をくりかえすことがある。Merry は、アメリカの少額裁判所の経験的研究に基づき、制度的権威に対する素人当事者の抵抗の一態様として、これときわめて類似した活動を指摘している。当事者は、（些細な道徳的問題などではなく法的問題であるという）自分の問題定義の仕方が受け入れてもらえない場合、裁判所に対して意図的に感情をあらわに乱れたふるまいをして、なんとか自分の枠づけ方を通そうと「抵抗」する。そして、それが効果を発揮することもあるとされる。(18) すなわち、Merry の観察によれば、ときに当事者は言い分を通すために、戦略的に自らを「感情的にコントロールする」のである。わが国の交互面接方式和解のただなかでも同様に、「感情的で、対席でないからこそ言い分を語れる当事者」が意図して構築され、経験され、再生産され続けていくのである。裁判官は、多くの交互面接方式の和解の中で、このような意識的に演じられた感情的な当事者に対面しているのではなかろうか。

しかしながら、このような「当事者は感情的であるから即座に交互面接方式」という発想は、当事者の協力的な話し合い能力の有無を正当に評価した判断に基づくものとはいえないように思われる。なぜならば、判断の基礎となっている当事者の感情的言動は、相手方ではなく、裁判官に向けてなされたものだからである。そうではなく、実際に双方当事者の直接の話し合いをもう少し試みる中で、直接の協力的な話し合いをする能力があるのかどうか探ってみるべきであろう。また、裁判官や司法委員一人が各当事者の感情的表現を受けとめ対処しようとするのは、過大な負担にもなりかねない。(19)

感情を言説的にも捉える視点として、ここでふたたびLutzの議論にもどろう。(20) 感情を社会過程のなかで実践および形成される言説として捉えると、紛争処理過程においても、Lutzが指摘するようにいわば「内的出来事の感情コントロール」と「共同作業の感情コントロール」とでもいう二つの側面があることが重要になってくると考えられる。Lutzは次のようなケースを報告している。インタヴュに答えたのはある男性の再婚相手の女性で、彼女たちは現在その男性の元妻と同じ町内に暮らしている。彼女は現在の居住状況に葛藤や不安を抱いていた。そして、この女性は、自分の憤りの感情を「処理する（dealing with）」協力的プロジェクトに夫が加わらないことに不満をもっていた。ここで彼女は、自分の感情と他者の関心や支援とをともにコントロールしようとしているのである。彼女は憤りを沈めようとしており、そのために夫のサポートを調達しようとしている。そして、Lutzは明示的に強調しているわけではないが、本節の議論にとって興味ぶかいのは、女性が支援をコントロールしようとしている「他者」というのが、葛藤を引き起こす関係の重要構成員である「夫」だったということである。

交互面接方式では感情の言説を介して、当事者の「協働作業の感情コントロール」に裁判官のみがかかわっていく。他方、対席方式の和解ならば、生身の相手方を前にしたやりとりを通じて、感情をドライブさせたりセーブしたりして「共同作業の感情コントロール／内的出来事の感情コントロール」が可能になると考えられるのである。相手方が葛藤を引き起こす関係の重要構成員であることはまちがいない。感情の言説をめぐる双方の話し合いこそ、和解交渉の主要動力にあたいする「相手方の主張に耳を貸して譲るところは譲ってできるだけ今日解決がつくようなね、形で協力」する話し合いなのではなかろうか。それでは、具体的にどのように「共同作業の感情コントロール／内的出来事の感情コントロール」をともなった話し合いが展開されるのかについて、資料【13】解雇予告手当II—①審理と資料【14】解雇予告手当II—②対席和解とを手がかりに具体的に検討してみよう。

【13】解雇予告手当II—①審理

裁判官　いやいや、それでこれがねもっと短くね、一四日もいってていなかったということになると、これ、またね、解雇予告も消えてくるんですよ。これ、本当に一四日超えているかですよね。それでおそらく被告のほうも払ってるんだと思うんですよ。

浜本氏　まあ、いいかと、タダでもやりたいということで、頼んで受けて、来年から週一回くらいでどうですかということで……一四日もつかもたないかという状態だったんですけど、解雇理由は、これは覚えやすいことでいいんですよ。一番困ったのは電話とかそういう問題で、取れない。

川田氏　電話の応対とか言われますけどですね、それはお昼休みのことと関係してくるんですけど、コンピュータの入力をしてもらいたいと最初に言われたわけですよね、それなのに、結局終わってみると、雇用者もほとんどいらっしゃらないし、一日中一回も事務所に来ないこともありましたし。え～、電話が入るのも九時から私は来てるんですね。お昼過ぎてからまで電話がなくて、そういうとき鍵とかも渡されてますけど……で、私も入るときは、男の子と二人だけだと聞きましたけれども、その男の子も週に五日午後からしかみえないし、そういうことがありえるとか思わなかったんですけども……それから一日ほとんどいないから分からないかもしれませんけど、電話とか携帯のほうにかかってくるとか言いますけれども、お客さんのほうは、事務所にいるかいないか確認して、いなければ携帯のほうに電話しますと言われますけど、電話は必ず事務所に一度は入れられるわけですよね。最初は一回ぐらいはお昼とか買いに行ったこともあるんですけど、事務所を空けるわけにもいかなくて、お昼とかもう来る前とかに買ってくるようになって、ほとんど食べても、食べる途中でも電話がなるとかですよね。……

【14】解雇予告手当II――②対席和解

浜本氏　保育料に関しては、再三わたしども退職のお話し合いの時に、ここでちょっとこじれたんで、一ヶ月でしたら払いますということは言ってきたんですよ。それまでのぼってきたのが二ヶ月だったものですから、電話で話が違うんじゃないですかと聞いたら、「いや私は二ヶ月」と。私は一ヶ月と思ってたんで、じゃあということで……

裁判官　ちょっと、だいたい紛争の要点ていうのは、裁判所も司法委員の先生も摑んだと思いますから、それでこれから和解の局面に入っていただくと。まあ、これは大事な局面ですから……

浜本氏　あの、ちょっと、さきほど申したんですけど、今回の解雇責任なんですけど、「雇ったかぎりは」というかなり真剣に考えていたんですけど……

裁判官　はい、ちょっと待って。解雇理由についてはね、もうあなたのほうで、解雇権の内容がないから解雇予告手当を払わないと言うんならね、それは問題になるけれど、払うんですからそこはもう触れなくていいです。触れても意味がないんです。

浜本氏　数字的には問題ないんですけど、なんか分かってほしいなっていう……

裁判官　それはもう、あなたのほうも解雇予告は払いますよと、一四日をこえたときには二〇条適用なんだと、そういう前提でしょうから、だからそれについてはとくに触れなくても、本件を解決するためにはあまり必要ではない。

川田氏　でも、即日解雇だったんですけど、そのときに保育料をわたしは二ヶ月と言ったんですね、そしたら最初は……「分かりました」ということで、で、なぜ二ヶ月かというとですね、一ヶ月前から解雇？だから一ヶ月分は払わなければならないというのと、まあ、短かったので［聞き取り不能］何のために働いたのか分からないので……

裁判官　まあ、それはできなかったんだからもう、できなかったことを蒸し返しても何の役にも立たない。

司法委員　解雇を是認してやるしかないでしょう。

川田氏　わたしも認めると思ったんですけど、この人も認めると言いましたけど、保育料も払うと言ったんですよ。

司法委員　だから、今、保育料は四二、〇〇〇円で、これはしようがないですね、あとは、あの〜四七、五一五円ていうのは、内訳はね、一時間のね、電話当番をしたとかしないとかいうことでしょ。あなた［浜本］だって「わたしの携帯に入るから、事務所には入らん」ていうわけじゃないですからね。それはまあ、二四、〇〇〇円で、全部あわせれば……いくらですか？

司法委員が裁判官と和解案の額を計算しながら話し合いをしている。「あわせれば九〇、〇〇〇円ということですか？」というあたりで落ち着いた様子のあと、浜本氏に内訳の確認を求められる。司法委員は、昼の労働分やそれに付随して増額されるはずの解雇の差額分、保育料について説明をする。

司法委員　別室でわざわざやる必要はないと思いますよ。それでまあ、どうしても納得ができなければ、電話料金の二四、〇〇〇円を二人半々で。

浜本氏　内容的には二四、〇〇〇円を半々でとは言いません。本来ここまで来ることになったのは、理由さえ分かってくれればそれでいいんで。解雇理由は仕事じゃないんだよということが分かってくれれば、あとはお金の問題であれば。

裁判官　きりのいいところで、九〇、〇〇〇円ということにしたらどうですか。それを口座へ振り込むと。え～と、いつまでに振り込みますか？

この二つの資料は、同一の「解雇予告手当紛争」の少額訴訟での処理過程の一部である。原告の川田氏は二〇代とみえる若い女性で、夫と思われる男性をつれだってきていた。他方、五〇代と思われる男性の被告浜本氏はコンサルタント会社の代表者のようであった。ただし、解雇予告手当はすでに支払われており、実質的な争いになっていたのは、解雇にともなって損害が生じたといえるかという問題であることが審理早々にあきらかになる。法廷には、ラウンド・テーブルに裁判所書記官および司法委員が着席しており、司法委員の席の後ろに若い男性が三名座っていた。

資料【13】は、審理も半ばの段階での一場面である。原告の川田氏が、もともと当てにしていた四ヶ月の雇用予定期間どころか二週間で解雇されたことに納得がいかず、そのことを繰り返し述べながら「損害賠償」を求めるのに対して、裁判官がその言い分は法律的に認められないと説明する。資料直前のそのようなやりとりに続いて、裁判官が、それどころか労働期間が一四日を超えていなければ解雇予告でさえもらえないのだと、ここでは述べているのである。裁判官に続いて、被告の浜本氏が、その一四日も川田氏が「タダでもやりたい」というから雇ってやったのであり、しかも「電話とかそういう問題」で川田氏は応対ができていなかった旨を加えている（四〜七行目）。この「能力評価」の言説は、即座に川田氏の激しい反論を誘発する。自分は昼の休憩をとることもできず仕方なく事務所に釘付けになっていたというのである（八行目以下）。この段階、原告の川田氏は当初の予定のはるか手前で解雇されたのは不当であり、しかも昼休みもなく事務所で電話番をしていたと、そして被告の浜本氏はすでに支払うべき分は支払っているうえに、川田氏の業務にも不満があったと、相互に対立的な対話をしていると解釈されよう。なお、この前後の会話も、基本的には同様の対立的な雰囲気で進められた。

さて、資料【14】であるが、こちらは同一事件の審理もいよいよ終わりにさしかかった段階でのやりとりである。ここでは突然の解雇にともなって余分に生じることになった原告川田氏の子供の保育料について、先だって裁判官が一ヶ月分にかぎり損害として認めたのに続いて、被告浜本氏がその反復確認をしている。その後、裁判官はそろそろ和解に入るように、双方をうながしているのである（五〜六行目）。けれどもこの段階でも、資料【13】の場面と同様、川田氏は自分があまりにもすぐに解雇されたことに憤る発言を繰り返している（一七〜二〇行目）。ここで大きな変化が現われる。浜本氏の発言からは態度を変えていることが顕著にうかがわれるのである。すなわち、先に審理の場面で、いかにも「仕方なく雇用したが業務能力に問題があった」という含意の発言をしていたのが、この段階にいたって「『雇ったかぎりは』というかなり真剣に考えて（八〜九行目）」おり、「解雇理由は仕事じゃないんだよということが分かって（三八〜三九行目）」欲しいと述べているのである。

雇われた当初の期待を大きく裏切られて早々解雇された川田氏の怒りは、浜本氏の能力評価の言説によってさらに助長されたように繰り返し表出された。他方、法的に妥当な金額の輪郭が見えてくるにしたがって、裁判官は和解の可能性を探ろうとする。そこで和解的処理を望む被告浜本氏は、川田氏が表出する怒りへの手当をするかのように、前言を撤回して解雇の理由は「仕事に対する不満ではない」旨を述べているのである。ここには、感情を、ひとり内的出来事の処理の問題にするのではなく、言説の交渉の過程で協働して処理していく一面をもつものとして実践されていることが見て取れるのではなかろうか。それは、裁判官にとっては「触れても意味がない（一二行目）」問題かもしれないが、浜本氏にとっては「数字的には問題ないんですけど、なんか分かってほしい（一三行目）」ことであり、誤解を解いて激化した川田氏の怒りを融和しないわけにはいかないのである。表出される感情的言説は、第三者が媒介するというのではなく、まさに当事者が相手方と対面し雰囲気として感じ取るなかで実は冷静に応答の仕方が模索されていくものなのである。(21)

最後に、資料【14】を手がかりに、対席方式での和解交渉における司法委員の役割の一端についてもふれておきたい。対席方式とはいっても、当事者双方の直接の和解交渉が自然とスムーズにすすむとは限らない。とくに資料【13】にみられるように双方対決的な姿勢をみせる審理を経てきている場合、裁判官から和解の勧試があったとしても、容易に協働的な和解案の模索を始めるというわけにはいかないだろう。実際、すでに見てきたように資料【14】でも、先行する審理での敵対的なやりとりの過程で引き起こした相手方川田氏の怒りに対する手当を、浜本氏がおこなっていることが分かる。裁判官は「それでこれから和解の局面に入っていただく（六行目）」と和解を勧めているにもかかわらず、和解案作成になかなか入れないまま、浜本氏の言動に対応するかのように、争うつもりのない解雇責任には触れなくてもよい旨を繰り返している（一〇〜一二、一四〜一六行目）。すると、川田氏もずっと拘わり続けている即日解雇を持ち出し、裁判官は今度はそれを蒸し返さないようにと応接している（二一〜二二行目）。

裁判官は、審理において弁論規範を設定することで、当事者双方の議論の筋道をつけてきた。対話の流れを方向づけ、起動させてきたのは裁判官なのである。いわば当事者双方を対話に巻き込み自身も巻き込まれていた裁判官が、今度は和解案作成へと流れを変えようとしても容易にかなわず、むしろこれまでの対話の流れの延長線上にある当事者の感情的言説に応答せざるをえなくなっている。そうした状況がここに見て取れる。しかしここで、先行する対話の流れからやや距離をとっていた関与第三者であれば、その流れを断ち切り、あらためて議論の方向づけをすることが可能になってくるのではなかろうか。そして、ここでまさに司法委員がその役割を果たしているように思われる。司法委員は、裁判官に同調して「解雇」を前提としたところから議論を始めるべきとしたのち、川田氏から保育料の話がでたのを契機に、さらに電話番の賃金へも言及し、和解のための具体的な金額提示へと入っていっている（二六〜三〇行目）。その後、裁判官との相談を経て非常に迅速に具体的な和解金額が決定されていく。以上より、審理および和解交渉において、司法委員には、対話の流れからやや身をひきながら、あらためて論題設定をすることで停滞したその流れを再起動させる役割が期待されるのではなかろうか。

(16)　たとえば Lila Abu-Lughod & Catherine Lutz, "Introduction: emotion, discourse, and the politics of everyday life," in Catherine Lutz & Lila Abu-Lughod (eds.), *Language and the*

Politics of Emotion (Cambridge University Press, 1990), pp. 1−23 参照。

(17) Catherine Lutz, "Engendered Emotion: Gender, Power, and the Rhetoric of Emotional Control in American Discourse," in Catherine Lutz & Lila Abu-Lughod (eds.), *Language and the Politics of Emotion* (Cambridge University Press, 1990), pp. 69−88.

(18) Sally E. Merry, *Getting Justice and Getting Even: Legal Consciousness among Working-Class Americans* (The University of Chicago Press, 1990), ch. 7.

(19) 弁護士論に関してではあるが、William Simon, "Homo Psychologicus: Notes on a New Legal Formalism," *Stanford Law Review* Vol. 32 (1980) pp. 487−559 では、弁護士の依頼者との相互作用の場面での対応を心理学的観点から把握する潮流がみられるが、そこには看過しえない問題点があることを鋭く指摘する。まず、弁護士が依頼者の心理的処理をおこなうことにより、本来相手方との社会的関係の中で発生しているはずの紛争にもかかわらず、当事者が弁護士との「二人の共同体 (the community-of-two)」に閉じ込もることでそうした外部的関心を逸らすことになる、と警告する (pp.501−505)。また、心理学的アプローチにも形式主義の批判が妥当する余地があることを指摘する。とくに、心理学的アプローチに多大な影響を及ぼした C. Rogers によれば、社会規範的予期と摩擦を起こす内面をセラピーによって解放するとされるが、実際のところその理論は高度に抽象的で形式性が強く、弁護士が直面する依頼者の具体的な欲求には対処しえないとされる (pp. 516−520)。こうした議論は、本節で検討対象としている交互面接方式の和解の場面での、裁判官と当事者との相互作用に対しても重要な示唆をふくんでいると考えられる。

(20) Catherine Lutz, *ibid*, pp. 75−76.

(21)　稲葉一人「新しい紛争解決の技法をめざして—ブルックリン調停センターにおける Mediation の実際から—」井上治典＝佐藤彰一編『現代調停の技法〜司法の未来〜』（判例タイムズ社、一九九九年）二二三—二三八頁では、ニューヨーク州のブルックリン調停センターの参与観察から、次のような興味ぶかい指摘をおこなっている。すなわち「当初当事者は調停人に理解してもらおうとして、調停人に向いて（相手方の顔は見ないようにして）話していたが、次第に相手方から介入されても、当事者同士が面と向かって話すようになり、約六〇分ほど話したころから（話すことがなくなったのか、感情の発散が行なわれたのか、相手にこれ以上言って無駄と感じたのか）、自然と当事者がルールに副って話をできるようになり、この前後から調停人が、当初は抽象的に、次第に具体的に述べるようになった」と、非常に理性的な対話へ移行していったことを紹介している。ただし、こうした当事者主導型の調停に照らして、わが国の和解手続を考えた場合、かなり厳しい見通しを示している。なお、Carrie Menkel–Meadow, "When Dispute Resolution Begets Disputes of Its Own: Conflicts Among Dispute Professionals," *UCLA Law Review* Vol. 44 (1997), pp. 1871–1933では、裁判外紛争処理への当事者の参加は、かつて Menkel-Meadow が考えていた自発性重視という観点ではなく、当事者に再考をうながす教育的機能に力点を置くことが主張されている。ここに、裁判官や司法委員の牽引を対話の起動因としつつも、その後は当事者の反省的選択行動に支えられ対話能力に期待する可能性も読み取ることができるのではなかろうか。

第四節　和解交渉の終了と手続の終結

これまでの議論から、以下のことが確認されるだろう。一期日という限られた時間的制約のなかで、和解的処理を達成するのは容易ではない。したがって、和解の可能性もふくめて少額訴訟手続での紛争処理をスムーズに実効化していくためには、裁判所書記官や司法委員といった紛争処理に関与する人びとのチームワーク体制が整備され、それが適切に機能しなければならない。とりわけ、和解交渉過程においては、他ならぬ紛争当事者双方の対話こそが、このチームワーク体制の基軸となってくる。その際、当事者の感情的言動も、対話の場から排除すべきものとするのではなく、総体的な紛争処理のための必要部分として、コントロール能力をもった当事者双方の協力的な話し合いのうちに組みこんでいくことも、ときには必要なのではなかろうか。

こうして達成される合意は、任意履行を確保し、具体的妥当性も備えた望ましい解決方法ということができよう。けれども、裁判官や司法委員が解決案としての合意に過剰に拘泥する必要はない。むしろ、合意形成に拘わりすぎることで、不当な「合意の押しつけ」と当事者に受け取られるならば、それはけっして任意履行を確保し、具体的妥当性も備えた解決方法にはなりえないであろう。そうではなく、当事者が感情的言説を介して交渉態度をドライブさせたりあるいはセーブしたりしながら、具体的に妥当な解決案を模索していくその過程こそ重要なのではなかろうか。限られた時間の中でも、総体的な紛争実践を当事者が十分に展開できる和解交渉は、少額訴訟「過程」を豊かなものにするに違いない。この和解交渉過程を尽くすことで、「自他の疎通」「自身の自省」という当事者にとっての実質的な手続保障が達成されるのである。合意の構築は、この総体的な紛争実践の副産物と考えるべきであろう。また、そうした過程を尽くした上での合意であることによって一層、任意履行を確保し、具体的妥当性を備えたものになるのではなかろうか(22)。

和解交渉の終結には、次の二つの仕方がありうる。周知のとおり、双方が合意に達するか、あるいは合意を断念して裁判官の判断に解決をゆだねるか、という手続の終了である。いずれにしても、少額訴訟手続では、一期日という限られた時間内で、当事者の日常感覚に配慮した実質的な手続保障の理念と工夫により和解的処理がすすめられなければならない。その和解手続が尽くされた上で、一期日中に合意が獲得されれば和解成立となるであろうし、合意に到らなければ裁判によるべきなのである。ただし、裁判によるとは言っても、少額訴訟手続では、いわば和解と判決との中間形態である「分割払等の判決（民訴法三七五条一項）」が認められている。したがって、総体的な和解交渉の経緯は一定程度は判決にも活かされる余地はありうるのである。

(22)　紛争当事者の視点から、少額紛争処理手続に、比較的些細な利益問題を紛争化させた当事者の決断を尊重するメカニズムが備わっていることの必要性を主張する守屋明「少額紛争処理―消費者紛争を念頭において―」法社会学四九号（一九九七年）七四頁以下によれば、「合意」は次のように理解されることになる。紛争処理過程において、当事者は主観的に有意義な紛争課題を自覚していき、その課題との関連で紛争への態度を決断していくことになる。少額紛争において合意を形成する場合であっても、それはけっして紛争の抜本的な解決になるからではない。むしろ当事者にとって、この認知の変容過程で紛争状態からの脱却が決断され、当面の対処として暫定的な合意に納得したとみるべきであろう。このような「合意」理解を敷衍させれば、少額訴訟判決も、当事者の紛争状態を脱却するニーズをみたすものとして理解されうるかもしれない。

補　節　被告欠席事件における交渉的関心

少額訴訟手続においても、つねに当事者双方が法廷に出席し充実した審理がおこなわれるわけではない。当事者双方、あるいは一方当事者が欠席する場合もありうる。当然、当事者が欠席すれば実質的な審理をおこなうことはできない。そこで、期日が無駄にならないように、和解の場合と同様、裁判所書記官による事前の準備が重要になってくるのである。すなわち、裁判所書記官が、予想される被告の応答を原告から聴取したり、事前に被告に接触をこころみたりすることが求められるのである。けれども、それでも当事者が欠席することはある。実際、すでに見てきたように少額訴訟においては、終局区分のうち和解にならんで欠席判決の割合が多かった[23]。少額訴訟において欠席判決は量的に重要な位置を占めていることになる。そして、この欠席判決の大半が、請求認容判決であることからも[24]、被告の欠席事例であることが推測される。また、裁判所書記官が事前準備のために被告から事情聴取をおこなおうとしているが、現実には困難であるという現状報告も[25]、被告の欠席事例が少なくないことを傍証するものである。欠席には様々な事情があるだろうが、一方当事者の不熱心な訴訟追行により訴訟が不当に停滞するのは、相手方にとって公正ではない[26]。またさらに少額訴訟手続には一期日審理の原則がある。したがって、少額訴訟においては、当事者が欠席した場合、原則として期日に結審し、判決が言い渡されるのである。

それでは、被告欠席の法廷の現場はどのようにすすめられているのだろうか。ここでは認識や主張の対立があらわれることはない。結論は原告の請求認容なのだから、事件は定型的に処理されるようにも思われる。しかし、そうなのだろうか。かりに判決を出したとしても、被告の納得を得ることなく出された判決なのだから、原告は判決内容を実現するために多大な負担を強いられることになるだろう。しかも少額紛争に見合った強制執行手続は制度化されていないのである。そうした制度状況は考慮されることなく処理されていくのだろうか。以上の関心に基づいて、補節として簡単にではあるが、和解と同等の量的な重要性がある、それに加えて執行上の問題をもちこむことになる、被告欠席の場合の法廷での相互作用を検討する。まずは次の資料【15】売買代金II—①被告欠席を見てみよう。

【15】売買代金II——①被告欠席

裁判官　じゃあ、あの、吉田文具と渡辺商店の少額訴訟事件……ですね。売買代金で。え～と、吉田文具の代理人なわけですから。あと、もう、五回もやってらっしゃいますから、少額訴訟についての手続、これ説明がされるんですけども。原則一回、今日解決する、ね。まあ、控訴とかはできなくて、異議申立てができる。［小声でよく聞こえない］……この訴状に書いたことは、このままというか……

吉田氏　はい、だいたい……訴状には。

裁判官　全額じゃなくて、残額ですかね。

吉田氏　はい。

裁判官　二五〇、〇〇〇円。……その他ありますか。

吉田氏　いえ、もうありません。

しばらく沈黙が続く

裁判官　被告が来ないから［微笑しながら］、もう自白したことになりますので……お互い話し合いができたら、こういうふうに和解でいくらずつ払う分割払いしていくとか、そういう申出はありました？

20

吉田氏　ええ、もう、連絡……昨年の八月から連絡しておりますけども……

裁判官　あぁ、それでその時は何も言ってこない……

吉田氏　ええ。

裁判官　……んですね。じゃあ、判決ということで。それじゃ判決を送りますんで。え〜吉田文具と渡辺商店との間の平成一一年少コ×××号売買代金請求事件について少額訴訟判決を言い渡します。え〜、主文、被告は原告に対し金二五〇、〇〇〇円およびこれに対する平成一一年九月一〇日から支払日まで年六分の割合による遅延金を払え。訴訟費用は被告の負担とする。この判決は仮に執行することができる。理由は、被告は本件口頭弁論期日に出席せず、答弁書も提出しないので、請求原因事実をすべて認めたものとみなす。はい、どうも。

以上は、ラウンド・テーブル法廷でおこなわれたある売買代金請求事件の審理でのやりとりのすべてである。被告欠席の多くの場合と同様に、この事例でも予定時間を五分程遅らせて被告がやってくるかどうかを待つことになる。ただし、待っている間、裁判官および書記官が原告吉田氏に対して、事前に相手方と折衝があったのかどうかを訊ねる。吉田氏は、訴え提起の直前まではあったがその後はない旨を述べる。そして時間になり、結局被告が現れないまま、裁判所書記官が事件番号を読み上げて以上のようなやりとりが始まったのである。テーブルを囲んだのは原告、裁判官、司法委員、裁判所書記官であった。やりとりの時間も一〇分程度の短時間、相手方がおらず反論もでないため、沈黙も多く、淡々と進行していく。

しかし、そうではあるが、裁判官は原告の言い分を即座に機械的にそのまま認容しようとしたわけではない。たしかに、裁判官は原告吉田氏の言い分を確認したうえで、沈黙状態をおいてから判決を言い渡している。けれども、判決を言い渡す直前に「お互い話し合いができたら、こういうふうに和解でいくらずつ払う分割払いしていくとか、そういう申出はありました？（一二～一四行目）」と訊ねている。「もう自白したことになりますので」と判決を目前にしながら、和解的処理の可能性に言及しているのである。ここでは、判決とはいっても被告が欠席した事件ではとりわけ、その実現が容易ではないことが考慮されているのではなかろうか。被告は欠席しながらも、法廷での裁判官と原告とのやりとりのなかでその存在感を強烈に示しているのである。筆者が観察した別のある「インターネット回線接続料請求事件」では、裁判官が、約一〇〇、〇〇〇円の請求を認容した直後に、原告に対して「実際には（被告と）話し合ってみてください」と述べていた。このことはより直接に、判決が出たとしてもその強制的実現は困難であり、相手方に履行可能な支払方法を交渉して任意履行させるように推奨していることの言明と解釈されうるのである。さらに裁判官自身からも、被告が期限猶予等のみ記載して欠席している場合に、交渉促進を期待して分割払等判決を出す工夫の余地があることが報告されている。[27] このようなことから、被告欠席で判決をするにあたっても、ときに裁判官は原告に対してさらに交渉の余地がないかどうか探ろうとすることが分かる。被告欠席事件において、裁判官は、ただ淡々と判決をするというだけでなく、交渉への関心を強く示し、原告に交渉を促そうとする場合があるのである。

(23) 訴訟提起という行動選択は、独立にその意義を考えるのでは視野が狭く、裁判外および裁判内の選択肢のなかでもう少し緻密に捉えるべきであるとする Austin Sarat, "Alternatives in Dispute Processing: Litigation in a Small Claims Court," *Law & Society Review* Vol. 10 (1976), pp. 339–375 では、アメリカのニューヨーク州の少額裁判所での裁判外の選択肢として「欠席」に、そして裁判内の選択肢として「仲裁」に着目する。ただし、本研究がとりあげる「欠席」が「被告欠席」であるのに対して、Sarat が着目するのは「原告欠席」である。そこでは、多くの原告が、訴訟提起によって訴訟前の交渉をさらに促進させたり、あるいはそこから交渉を開始させることで解決に到ったため、欠席していたことが経験的資料に基づいて指摘されている。興味ぶかい議論である。

(24) 最高裁判所事務総局『司法統計年報一民事・行政編　平成一一年』二四頁の「少額訴訟既済事件数—事件の種類及び終局区分別—全簡易裁判所」によれば、通常移行したものを除いた総数八、四二七件のうち二八・八%の二、四二八件を占める欠席判決のほとんど、二、四二三件が認容判決となっている。

(25) 横田康祐＝川端素子「少額訴訟の審理の現状と将来性」月刊司法書士三四三号（二〇〇〇年）一

九―二〇頁参照。

(26)　通常訴訟において、このような観点から当事者の欠席という事態に対処する手法として「審理の現状に基づく判決（民訴法二四四条）」が制定されている。

(27)　相原尚夫・前掲「少額訴訟の実務覚書―その運営についての問題提起―」四四頁には次のような記述がみられる。「原告が支払について被告との話し合いを期待して少額訴訟を申立てたが、被告欠席で判決をもらったもののどうしてよいか戸惑っている場合に、強制執行の手続きを説明すると同時に、『この判決を持って被告と交渉してみなさい。』と助言するのであるが、このような原告は、分割払等判決のことを聞くと、ほとんどは、被告に支払いを求める場合に折衝しやすいし、被告の希望に副って分割支払いにするのだから確実に支払ってもらえそうな気がするとして分割払等判決を希望する。」「私の分割払等判決は、理由の末尾に、『原告は被告の分割支払いの希望を受け入れたので、少額訴訟の精神に基づいて分割支払いの判決をする次第である。』と付記する。被告に対し、原告の寛大さをアッピールして自主的支払いの動機付けにしようとするニュアンスである。」

終　章　フォーラムの誕生——全員集合型裁判論

少額訴訟は、少額の生活紛争を対象として、一日で集中的に審理から解決案提示までをおこなう。それはたしかに「究極の集中証拠調べ(1)」ということができる。新法の企図をもっともシンプルな形態で構造化している手続なのである。そして、すでに第二章で概観したように、この制度は庶民のうちに定着しつつあり、また裁判所内部の合理化も進行している。やはり、少額訴訟制度は順調に浸透していると考えてよいだろう。しかしながら、その浸透の仕方が、もともとの制度設計図どおりであるとは必ずしもいえないのではなかろうか。

制度が予定していたように、少額訴訟の現場において、当事者は日常言語による実質的な対話をおこなっている。ただし、第三章以下でより注意ぶかくみてきたように、そこには設計されている構造には回収しつくすことのできない紛争行動がふくまれている。むしろ、入り口付近での少額訴訟選択の場面、当事者相互間での対話の場面、紛争関係人の関与の場面、当事者の感情をふくめた和解的処理の場面、いたるところで紛争当事者と裁判所はズレていた。もちろん、紛争当事者間または紛争関係人との間でも必ずしも一致しているとはいえないだろう。そもそも紛争は認識や利害の対立から生じているのだし、また参加者が各々の視点から紛争の物語世界を生きているのだから、それが共有されつくすことはない。ズレはある意味で当然のことなのである。少額訴訟ではそれが顕在化しやすいということなのだ。少額訴訟のラウンド・テーブル法廷は、参加者たちのズレを含んだままの会話のフォーラムとなっている。

しかしまた、少額訴訟での会話は、ズレを含んではいるがけっして無秩序なやりとりになってしまっているわけではない。それどころか、裁判官が指し示す攻撃防禦の標的をそらした言い分を当事者がすべり込ませることによって、当事者の語りに満足のいかなくなった傍聴席にいる紛争関係人がラウンド・テーブルの輪に割り込んでいくことによって、あるいは対話を崩壊させかねない感情の表出に当事者が応接することによって、ひとつの紛争はしだいにリアルな立体的相貌を現わしていく。そしてそのズレを契機に、法的会話はあらたな方向へ向かって活力を取り戻していくことがある。ズレは、会話の力動性を刺激しながら、「些細な少額紛争」から思いもかけなかったような多面性をひき出していくのではなかろうか。

そしてなお重要なことは、ズレを含んだ活発な対話が、広く紛争処理関与者の在廷するなかでおこなわれるということである。裁判所の側では、裁判官はもちろん、和解勧試を期待されている司法委員、事前に当事者の言い分を把握し裁判官および司法委員に伝達して準備を進める裁判所書記官。それから双方当事者に加えて、傍聴席には自分にとっての関心をもった紛争関係人が在廷している。もちろん、限られた時間のなかでは、そこに居合わせた人びとが言いたいことを言い尽くせるわけではないだろう。けれども、この人びとが一堂に会して、ラウンド・テーブルを囲んで会話することで、様々な他者の言い分を、自分の物語に突き合わせながら、その両方を検証していく。自分の物語をけっして独り善がりの完結したものに終わらせない。その機会が保障されているのである。そして、紛争処理関与者たちは、法廷を出てふたたび生活へもどっていくにあたり、各々にとって紛争を意味づける手がかりを、法廷で交わされた法的会話から獲得することができるのではなかろうか。

第一章で確認しているとおり、本書では特定事例の解釈をおこなってきた。個別の事例での解釈を安易に断定的に一般化することは慎まなければなるまい。また、筆者は少額訴訟の規範構造を完全に無視したり、不要であると主張するものでもない。けれども、「利用者の高い評価を獲得している」少額訴訟手続の実相の一部はこのようなものなのである。そして、ここに集められた、活きいきとした当事者の活動の一端を伝える事例解釈を手がかりにして、「少額訴訟に関する特則」の規範構造から構築される観念の惰性化を防ぐことができるのではなかろうか。少額訴訟の対話過程が、まるで合理的に解決を産出するかのような「究極の集中証拠調べ」観に完全に規律されてしまうのではなく、参加者が「自他の疎通」「自身の自省」の手続を尽くす「全員集合型フォーラム」(2)として再構成される契機をもつことができるようになるものと考えるのである。

（1）　雛形要松「新民事訴訟法における簡易裁判所の役割」書研所報四五巻九頁以下では、簡裁書記官の役割のひとつとして少額訴訟関連の役割が言及されているが、そこでは少額訴訟に関して次のような記述がみられる。すなわち「一期日審理の原則は、いわば究極の集中証拠調べでして、これは受付相談の段階からの手続教示も含め、究極の司法サービスといえる、実のある、しかもギリギリの公正さを保ったサービスの提供なしには、一期日審理という集中証拠調べは成功しないのです」とある。

（2）「全員集合型」裁判の命名は一九九六年の故井上正三教授の教示による。井上教授は、西口元判事が大阪地裁で実践していたNコート方式の実践をふまえて、紛争関係人が広く参加する審理形態を「全員集合型裁判」と命名されていた。そこでは当事者は他者の力も借りながら自立の体勢を整えるというだけでなく、弁護士や裁判官も当事者によって活かされている。そうした関係が、さらに裁判所書記官や傍聴している関係人まで拡がっている。「自」と「他」とが微妙に相互依存しながらも各人の自立を達成していくことを目指して、紛争処理に関係をもつ人びとが広く参加することを可能にする裁判を、井上教授は「全員集合型裁判」と呼んでいた、と筆者は考える。そして、このような裁判モデルは、筆者の観察によれば少額訴訟における対話過程の実践に先鋭化した形で現れているのではないかと思われる。ただし、そのことは「全員集合型裁判」はもっぱら少額訴訟にのみ当てはまるということではない。むしろ本人訴訟原型観にたちつつ、ここでみてきた「全員集合型裁判」の特質を通常訴訟に活かしていく方途を模索する必要性を筆者は感じている。

索　引

あ　行

か　行

さ　行

〈著者紹介〉

仁 木 恒 夫（にき・つねお）

1968年　東京都に生まれる

1991年　九州大学法学部卒業

1996年　九州大学大学院法学研究科修了（裁判学）

現　在　久留米大学法学部専任講師

民事訴訟法専攻

〈*Law & Society Dĕbut Series No. 2*〉

少額訴訟の対話過程

2002（平成14）年４月10日　　第１版第１刷発行

著　者　仁　木　恒　夫

発行者　今　井　　貴
渡　辺　左　近

発行所　信　山　社　出　版

〒113-0033　東京都文京区本郷6-2-9-102
電　話　03（3818）1019
ＦＡＸ　03（3818）0344

Printed in Japan

印刷・製本／松澤印刷・大三製本

ISBN-4-7972-2218-2 C3332

Law & Society Debut Series 創刊にあたって

二〇〇〇年六月　シリーズ編集者　宮澤節生

第二次世界大戦後半世紀以上を経過し、二一世紀を迎えようとしている今日、我が国における既存の社会構造は根本的批判にさらされている。法、司法制度、法律家の在り方もその例外ではない。その端的な現われは一九九〇年代末期から現実政治において急速に台頭してきた司法制度改革の動向である。今般の司法制度改革の帰結がいかなるものであれ、法、司法制度、法律家の在り方に関する再検討は引き続き行われていくことであろう。

そのような根本的再検討にとって第一に必要とされるのは、現実の法、司法制度、法律家がいかなる価値や利益に奉仕し、いかなる価値や利益を阻害しているかを、経験的に探求することである。第二に必要とされるのは、そのような経験的探求に基づいて、現状をどのように改革すべきであるか、新たな政策を提言することである。そのためには、法学の未来を担う若い研究者たちに対して、経験的・政策論的研究を奨励する研究環境を提供しなければならない。

研究環境に関して決定的に重要な要素のひとつは、オリジナルな研究成果をモノグラフとして世に問う機会が存在することである。経験的・政策論的研究は、必然的に、法学以外の学問分野（discipline）における理論、研究技法、知見等をも活用する、苦労の多い学際的アプローチを要求するものであるが、そのような苦労の成果が未公刊のまま放置されたり、せいぜい所属大学の紀要に掲載されるだけにとどまっていたのでは、当該研究者自身のキャリア形成に結びつくことが少ないだけでなく、その研究成果が社会的に共有される可能性も乏しいであろう。そこで、信山社のご協力を得て、*Law & Society Début Series* を創刊することにした。

以下、シリーズ編集者として、今後の編集方針を説明したい。

(1) 本シリーズは、公募原稿によって構成する。

(2) 応募資格を有する著者は、まだ単著の書物を刊行していない研究者である。

(3) 対象とする研究は、博士論文、助手論文、またはそれらに相当するオリジナルな研究成果で、法、司法制度、法律家等、法現象に関する「経験的」あるいは「政策論的」検討を行うものである。対象となる法分野は問わないし、学際的考察において参照される他の学問分野が何であるかも問わない。自ら一次資料を収集した研究はもちろん、既存の経験的知見を活用した研究も対象とする。

(4) 応募原稿は日本語で、概ね一五万字（二〇〇字七五〇枚）以上、二〇万字（二〇〇字一〇〇〇枚）以下のものとする。希望者は、原稿二部に指導教授またはそれに相当する研究者による二、〇〇〇字程度の推薦文を添えて、信山社編集部の渡辺左近氏まで応募されたい。採用された場合には、推薦文を巻頭に記載する。

このような形式によるシリーズ出版は、日本ではまだ例が乏しいであろう。しかし、アメリカでは広く見られる形式であって、とくに新たな研究成果の発掘に大きな役割を果たしている。本シリーズが定着し、この形式が日本でも普及することを期待したい。